머릿속이 뻥 뚫리는 생각 디자인

발상, 아이디어, 의사결정, 기획, 선명한 결론 도출까지,
생각정리와 선택이 쉬워지는 창조적 사고의 기술!

머릿속이 뻥 뚫리는 생각 디자인

1판 1쇄 인쇄 2019년 5월 15일
1판 1쇄 발행 2019년 5월 20일

지은이 이윤석
펴낸이 송준화
펴낸곳 아틀라스북스
등 록 2014년 8월 26일 제399-2017-000017호

기획편집총괄 송준화
마케팅총괄 박진규
디자인 김민정
본문 일러스트 송영채

주소 (12084) 경기도 남양주시 청학로 78 812호(스파빌)
전화 070-8825-6068
팩스 0303-3441-6068
이메일 atlasbooks@naver.com

ISBN 979-11-88194-12-4 (13320)
값 14,000원

이 도서의 국립중앙도서관 출판시도서목록(CIP)은 서지정보유통지원시스템 홈페이지
(http://seoji.nl.go.kr)와 국가자료공동목록시스템(http://www.nl.go.kr/kolisnet)에서
이용하실 수 있습니다.(CIP제어번호 : CIP 201901716)

＊이 책의 일부 내용에는 네이버에서 배포한 나눔글꼴이 사용되었습니다.

**발상, 아이디어, 의사결정, 기획,
선명한 결론 도출까지,**
생각정리와 선택이 쉬워지는 창조적 사고의 기술!

이윤석 지음

머릿속이 뻥 뚫리는
생각 디자인

아틀라스
북스

'여러분은 평소에 생각정리가 잘 되는 편인가요?'

이 질문에 자신 있게 '예'라고 대답할 수 있는 사람은 드뭅니다. 그만큼 '생각정리'는 누구에게나 풀기 어려운 숙제인 것이지요. 그러다보니 로직트리, 비주얼 씽킹, 메모기술, 마인드맵 등 생각정리에 도움이 된다는 도구들을 찾아보기도 하고, 기획력 관련 책을 읽고 따라해 보기도 합니다. 하지만 이런 방식들을 내 것으로 만들어서 '생각정리 잘하기'에 성공한 사람은 5퍼센트도 되지 않을 것입니다. 왜 우리는 생각정리도구를 만든 사람들이나 기획력 책을 쓴 사람과 똑같이 해봐도 목적을 이룰 수 없을까요? 이미 그 분야에서 탁월한 재능을 가진 사람들이 알려주는 도구나 노하우들은 우리가 한 번에 따라 하기에는 너무나 어렵고 힘든 일이기 때문이지요.

저는 몇 년 전 《누구나 탐내는 실전 보고서》라는 책을 낸 이후 이러닝과 강의를 통해 많은 독자들과 소통할 기회를 가질 수 있었습니다. 그 과정에서 생각 이상으로 많은 사람들이 '자신의 생각을 명쾌하게 정리하기' 어려워한다는 사실을 알게 됐습니다. 위에서 말한 생각정리도구를 써보거나 기획 관련 책들을 읽으며 따라 해보다 결국 '나는 창의력이 약해', '나는 기획에는 재능이 없어' 하며 포기했다는 사람들이 특히 많았습니다. 그래서 저는 간단한 패턴과 방법 들을 이용해서 '누구나 쉽게 생각정리의 달인이 될 수 있는 기법'을 책으로 정리해보기로 했습니다.

사람마다 성향이 다르듯이 생각을 정리할 때도 자신만의 편한 방식이 있기 마련입니다. 그런데 기획이나 생각정리법에 대한 책에서 알려주는 MECE, 로직트리, 마인드맵 등의 도구나 각종 메모기술 등은 익히기도 어려운 데다 실제로 써 먹기도 쉽지 않습니다. 이제 이런 도구들에 대한 미련을 가질 필요가 없습니다. 지금부터 이런 도구들 없이도 여러분만의 생각정리법을 만드는 간편한 방법을 안내하겠습니다.

저는 지금까지 다양한 분야의 많은 조직들을 세팅하고 성장시키는 일을 해왔으며, 기획력과 전략 등을 중심으로 강의와 컨설팅 활동을 병행해 왔습니다. 그 경험들을 토대로 여러 책을 쓰기도 했지요. 또 한편으로는 철학·인문학 전문기관인 홍익학당에서 오랫동안 멘토로서 많은 사람들에게 명상과 몰입방법을 지도·코칭해오고 있습니다. 이렇게 비즈니스와 인문학분야를 오가며 공부하고 연구하다 보니 아주 중요한 현상 하나가 눈에 띄더군요. 일반적으로 비즈니스분야에서 활동하는 사람들은 양질의 정보를 수집해도 몰입과 통찰을 통해 그 정보들을 새롭게 조합하는 능력이 떨어지고, 명상을 잘하는 사람들은 몰입은 잘하는 반면 정보가 부족해서 창의적인 결론을 잘 내지 못하더라는 것입니다. 이를 통해 저는 생각정리를 잘하거나 생각정리를 통해 창의적인 결론을 얻으려면 다음 그림처럼 '정보'와 '몰입'이라는 2가지 요건이 충족되고, 이 두 요소를 결합하는 '사고패턴'이 필요하다는 결론을 얻었습니다.

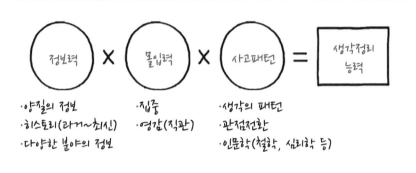

이 책은 바로 위와 같이 생각정리능력을 개발하는 데 필요한 3가지 역량을 얻게 하는 데 초점을 맞췄습니다.

보통 머리가 좋다고 하면 IQ나 암기력 등을 연상하지만 실전에서는 '종합적 사고력'이 뛰어나야 머리가 좋다 라는 평가를 들을 수 있습니다. IQ나 암기력 등은 종합적 사고력에 필요한 일부 요소일 뿐이지요. 《백년을 살아보니》의 저자 김형석 교수는 '인간의 사고력은 70대 중반까지 발전한다'라고 했습니다. 그러니 이 책을 읽는 여러분이 IQ가 몇이든, 나이가 몇 살이든 사고력을 높이는 노력을 포기할 이유가 없습니다.

이 책은 생각도구나 틀을 활용하여 새로운 발상을 하는 차원을 넘어, 정보, 몰입, 사고패턴의 유기적인 융합을 통해 단 하나의 선명한 결론 또는 결과물을 도출해내는 과정을 머릿속에서 '종합적으로 설계'해나가는 방법을 설명하고 있습니다. 이 책의 제목인 '생각 디자인'에 바로 그러한 의미가 함축돼 있는 것이지요. 이 책은 아이디어 발상법이나 사고도구 등에 대한 이론적인 설명은 최소화하고, 실전에서 바로 써 먹을 수 있는 사례와 기법을 반영한 생각정리방법을 제시함으로써 여러분이 다양한 영역에서 종합적 사고력을 발휘하는 데 큰 도움을 줄 것입니다.

4차 산업혁명이 발전하면 인간은 인공지능을 통해 양질의 정보를 실시간으로 얻을 수 있습니다. 따라서 이제는 그런 정보들을 새롭게 엮어서 생각을 정리하고 창의적인 대안을 내는 능력이 생존과 성장의 필수역량이 될 것입니다. 이 책이 새로운 시대에 여러분이 필요한 역량을 갖춰서 여유롭고 행복한 삶을 만들어나가는 데 작은 도움이 되기를 희망합니다.

이윤석

 차례

10장 생각정리의 효과를 높이는 습관 만들기

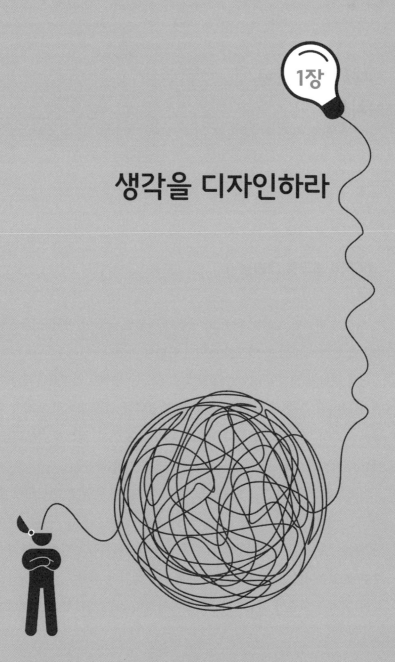

1장

생각을 디자인하라

01

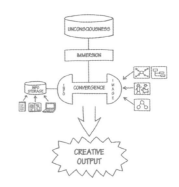

선택하지 않으면
기회도 없다

잔가지 생각들 내려놓기

'생각이 바뀌면 행동이 바뀌고, 행동이 바뀌면 습관이 바뀌고, 습관이
바뀌면 인격이 바뀌고, 인격이 바뀌면 운명이 바뀐다.'

미국 철학자 윌리엄 제임스의 말입니다. 일단 생각이 정리돼야 행동이
든, 습관이든, 운명이든 바꿀 수 있다는 뜻입니다. 그의 말처럼 우리의 행
동은 생각의 영향을 받습니다. 머리가 아무리 좋아도, 정보가 아무리 많
아도 생각정리가 안 되면 행동(실행)하기가 쉽지 않습니다.

여러분은 어떻습니까? '나는 평소에 생각정리가 잘 되고 판단력이 좋
다'라고 생각하나요? 아마도 자신 있게 '예'라고 할 수 있는 사람은 얼마
안 되겠지요. 생각이 복잡하면 과부하 걸린 컴퓨터처럼 판단이 버벅거릴
수밖에 없습니다. 어떻게든 생각의 활로를 뚫어야 합니다. 생각정리는
그리 어려운 기술이 아닙니다. 이 책에서 설명하는 간단한 사고패턴만

익히면 누구든 가능한 일이지요. 실제로 생각이 복잡해서 사업적 결정을 못 내리겠다는 한 회사 대표에게 이 사고패턴을 알려준 적이 있는데, 얼마 지나지 않아 '덕분에 생각이 잘 정리돼서 사업의 활로를 찾았다'라는 연락을 받기도 했습니다.

생각을 정리하려면 기본적으로 눈앞에 있는 사안을 이렇게 두 편으로 분리해야 합니다.

'양손에 떡'이라는 속담처럼 지엽적인 사안과 본질적인 사안을 모두 들고 있으면 둘 다 중요하다는 생각에 시야가 좁아지고 결국 아무 선택도 못하게 됩니다. 처음에는 '그래 본질적인 사안이 중요하지. 이거 먼저 해결하자' 했다가도 자꾸 지엽적인 사안이 생각 속에 끼어들어서 결국 이러지도 저러지도 못하게 되는 것이지요. 따라서 이럴 때는 지엽적인 사안은 우선 내려놓고 본질적인 사안에 생각을 집중해야 합니다.

물론 본질적인 사안에 생각을 집중한다고 해서 복잡했던 생각이 단숨에 정리되지는 않습니다. 그럴싸한 생각정리도구를 익힌다고 해서 단박에 해결되지도 않습니다. 도구는 도구일 뿐, 여러분의 생각을 명쾌하게 정리하려면 기본적으로 다음 그림과 같은 역량들을 종합적으로 갖추어야 합니다.

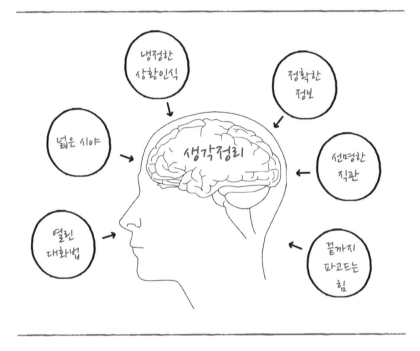

이 많은 역량들을 어느 세월에 다 갖추느냐고요? 걱정하지 마십시오. 이 책의 내용을 하나하나 따라하다 보면 여러분도 얼마든지 위와 같은 능력들을 갖추게 될 테니까요.

선택의 바다에서 큰 기회를 낚는 방법

'순간의 선택이 평생을 좌우한다'라는 말이 있습니다. 평생까지는 아니라도 누구든 인생을 살다 보면 중요한 선택의 순간을 맞게 되지요. 저역시도 인생에서 그런 선택의 순간이 많았습니다. 처음 직장을 구할 때도 그랬지요. 운 좋게도 10대 그룹 계열 본사와 중형 IT 회사에 동시에 합격했는데 어디로 가야 할지 망설여졌습니다. 대학시절부터 품었던 '지식근로자를 관리하는 인사전문가가 되겠다'라는 꿈을 이루려면 응당 IT 회사를 선택해야 했지만, 조건의 차이가 있다보니 선뜻 결정하기가 어려웠습니다. 고민 끝에 저는 꿈을 따라 IT 회사를 선택했습니다. 덕분에 대기업에서보다 많은 경험을 쌓을 수 있었고, 그런 경험이 누적되어 지금의 열정적이고 도전적인 삶을 살게 되고 이 책을 쓰게 된 동기도 얻었으니 결과적으로 올바른 선택이었던 셈이지요.

싸이월드, 네이트온으로 유명한 SK컴즈에서 게임전문회사인 네오위즈로 옮길 때도 비슷한 고민을 했습니다. 당시 막 구조조정을 끝낸 네오위즈에서 회사의 변화와 성장을 도와달라는 요청을 받았지만 SK컴즈에서 쌓은 커리어와 스톡옵션이 마음에 걸렸기 때문이지요. 고민 끝에 결국 저는 생각을 이렇게 정리하고 새로운 도전을 선택했습니다.

'미래에 내가 느끼고 배운 것을 많은 사람들에게 전달하는 전문가가 되려면 플랫폼 비즈니스뿐만 아니라 콘텐츠(게임) 비즈니스를 경험하는 것도 도움이 되겠다.'

이런 선택 덕분에 저는 네오위즈가 매출 6,700억 원을 넘어서고, 그룹 전체 구성원이 2,500명에 이르도록 성장하는 과정을 함께할 수 있었습니다. 개인적으로도 국내 최대 인적자원 컨퍼런스 강연에 초빙될 만큼 전문성, 콘텐츠, 인맥 등 유무형자산을 더 넓고 깊게 쌓아나가는 기회가 되기도 했습니다.

저뿐만 아니라 여러분 역시 살아가는 내내 자신을 선택하라는 수많은 기회의 소곤거림을 들을 것입니다. 그럴 때 이 말을 기억하십시오.

'첫 번째에 좋은 선택을 하면 큰 기회를 얻고, 두 번째에 선택을 하면 적당한 기회를 얻고, 세 번째에 선택하면 얻을 것이 거의 없다.'

이 말처럼 자신의 경력과 성장에 무게중심을 두고 생각을 명쾌히 정리하는 사람은 누구보다 빨리 좋은 선택을 해서 큰 기회를 잡을 것이고, 지엽적인 사안에 집착해서 생각을 정리하지 못하는 사람은 우물쭈물하다 좋은 기회를 놓치게 될 것입니다. 이런 차이에 따라 당연히 삶의 질과 행복도 달라지겠지요. 알리바바의 마윈 회장은 '기회를 놓치는 4단계'에 대해 이렇게 이야기합니다.

① 기회를 보지 못하고,
② 보고도 무시하고,
③ 봐도 모르고,
④ 이미 늦었다고 이야기한다.

〈출처 : 《마윈의 충고》, 왕징 지음〉

저는 이 글을 읽는 순간 가슴이 뜨끔했습니다. 저 역시 그런 경험이 많았기 때문이지요. 누구든 그렇지 않을까요? 생각을 잘 정리해야만 기회를 잡아야 하는 순간에 빠르고 올바른 선택을 할 수 있습니다.

02

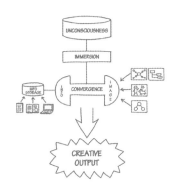

단 하나의 선명한 생각,
통찰을 얻어라

생각정리도구들의 한계

앞서 이야기했듯이 그럴싸한 생각정리도구 활용법을 익히면 복잡했던 생각을 명쾌하게 정리할 수 있다고 믿는 사람들이 많습니다. 물론 마인드맵, 로직트리, MECE, 만다라차트 등 우리가 아는 생각정리도구들이 '발상'을 하는 데에는 분명히 도움이 됩니다. 하지만 이런 질문에 대한 답을 제시하는 데는 한계가 있기도 합니다.

'그래서 한마디로 뭐라고 정리할/결론지을 것인가?'

무슨 의미인지 사례를 들어볼까요? 예전 직장에서 한 팀장이 경영진이 참석한 회의에 마인드맵으로 만든 자료를 가지고 와서 발표한 적이 있습니다. 발표를 듣던 경영진들은 시간이 갈수록 답답하다는 듯한 표정이 역력해졌습니다. 그리고 결국 그 팀장에게 한마디를 했습니다.

"그래서 결국 뭘 어떻게 하자는 겁니까?"

또 비슷한 상황에서 수많은 화살표로 이루어진 원인분석도를 만들어 와서 보고한 팀장도 있었습니다. 그런데 이때 역시 보고를 받은 경영진의 반응은 크게 다르지 않았습니다.

"그래서 말하고 싶은 핵심이 뭐예요? 한마디로 뭘 원하는 겁니까?"

통찰력, 성공을 좌우하는 가장 강력한 무기

알고 보면 자신의 분야에서 큰 업적이나 성취를 이뤄낸 사람들 중에 우리가 알고 있는 생각정리도구를 사용하는 사람은 많지 않습니다. 대신 그들은 대부분 '통찰력(Insight)'이라는 무기를 가지고 있습니다. 콜럼비아대학 교수인 윌리엄 더건은 그의 책《제7의 감각 - 전략적 직관》에서 '인류사의 근본적인 변화를 가져온 때'에는 여지없이 '섬광 같은 통찰력'이 찾아왔다고 이야기합니다. 그가 제시한 역사적인 사례들은 이랬습니다.

- 빌 게이츠가 마이크로소프트를 설립했을 때
- 피카소가 자신만의 스타일을 발견했을 때
- 구글이 인터넷을 제패했을 때

그는 통찰력을 한마디로 이렇게 정의합니다.

'마치 머릿속의 뿌연 안개를 뚫고 지나가는, 선명하고 반짝거리는 생각'

실제로 주변에 늘 번뜩이는 아이디어를 내는 사람들을 잘 관찰해보면 대부분 이런 통찰력을 가지고 있음을 알 수 있습니다. 한 번은 제 지인에게서 이와 관련한 경험담을 들은 적이 있습니다. 그 지인이 다니는 회사에서 추진하던 사업의 성과가 지지부진하자 사업 존폐 여부를 놓고 회의를 하게 됐다고 합니다. 그 지인은 이 고비만 넘기면 분명 활로가 뚫릴 것이니 계속 추진해야 한다는 입장이었던 반면, 경영전략 담당자는 엑셀로 작성한 분석자료를 내밀면서 앞으로 더 어려워질 것이니 최대한 이익을 챙기고 접어야 한다고 주장했습니다. 이렇게 양쪽 의견이 팽팽하게 맞서고 결론이 나지 않자 결국 그 지인이 이렇게 이야기했다고 합니다.

"그렇게 분석에만 의존하면 어떻게 사업을 합니까? 그렇게 자신이 없으시면 제가 사업권을 사서 가지고 나가서라도 계속 추진해보겠습니다!"

결국 오랜 논쟁 끝에 그 지인의 의견대로 사업을 계속 추진하기로 결정됐다고 합니다. 그래서 어떻게 됐을까요? 얼마 뒤 그 사업은 공전의 히트를 쳐서 회사에 장기적인 이익을 가져다주었습니다. 그 지인은 이 경험담 끝에 저에게 이런 말을 해주더군요.

"여러 상황과 정보들을 파악하다 보니 '이건 된다!'라는 생각이 강하게 떠오르더군요. 분석만으로는 설명할 수 없는 성공 가능성이 보였습니다."

바로 더건 교수가 말한 '섬광 같은 통찰력'을 얻은 것이지요. 미셸 루트번스타인과 로버트 루트번스타인이 공저한《생각의 탄생》이라는 책에도 이와 비슷한 이야기가 있습니다. 인류사를 통틀어 생각의 달인이라고 할 수 있는 사람들의 창조성에 대해 다루고 있는 이 책에서는 '과학자들은 수학공식이나 모형으로 진리를 알아내는 것이 아니라고' 주장하고 있습니다. 그들은 우선 '직관'으로 어떤 진리를 알아낸 후, 그것을 설명하기 위해 수학공식이나 남들이 납득할 수 있는 도구로써 설명하는 것뿐이라는 것이지요. 그리고 그 근거로서 이런 아인슈타인의 말을 제시했습니다.

"나는 직감과 직관, 사고 내부에서 본질이라고 할 수 있는 심상(心想)이 먼저 나타난다. 말이나 숫자는 이것의 표현수단에 불과하다."
"과학자는 공식으로 사고하지 않는다."

생각정리도구를 쓰든, 산책을 하다가 영감을 얻든 우리는 이런 선명한 생각, 즉 통찰을 얻어야만 일이나 사업, 문제해결 등에서 진정한 성공을 이뤄낼 수 있습니다. 물론 이런 통찰력이 갑자기 생기지는 않습니다. 평소에 정보력, 몰입 등 여러 가지 역량을 쌓아야만 가능한 일이지요. 이 책에서는 앞으로 그러한 역량들을 갖추는 방법들과 함께 여러분이 그 역량들을 유기적으로 융합하여 통찰력을 얻을 수 있도록 하는 데 초점을 맞춰 이야기를 풀어나갈 것입니다.

03

창조적 대안을 산출하는
생각 디자인 모형

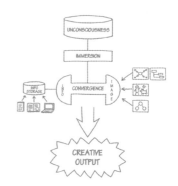

창의력과 문제해결력의 핵심은 정보와 생각정리의 융합

대부분의 회사에서는 창의력과 문제해결능력을 직원들에게 요구하는 핵심역량으로 꼽습니다. 그래서 다양한 방식의 창의력 향상 교육을 하기도 하고, 회사의 공간 자체를 창의력에 도움이 되는 방식으로 꾸미기도 합니다. 실제로 한 회사에서는 사옥 한 층 전체를 카페테리아로 꾸미기도 했습니다. 직원들이 그곳에서 차를 마시며 자유롭게 이야기를 나누면 창의력 향상에 도움이 되리라고 생각했기 때문이지요. 결과는 어땠을까요? 이후 회의 등에서 직원들의 발언은 늘어났지만 의견만 중구난방으로 분산되고 정리가 되지 않아 실제 사업에 도움이 되는 창의적인 결론을 얻기는 힘들었다고 합니다.

결국 창의력이나 문제해결능력은 교육 등으로는 개발할 수 없는 개인적인 재능일 뿐일까요? 저 역시 기업의 교육담당자로 일하던 시기에 그런 의문을 품은 적이 있습니다. 하지만 15년가량 다양한 사례연구와 인문학연구를 병행해가는 과정에서 이런 결론을 얻었습니다.

'양질의 '정보'와 그 정보들을 새롭게 엮는 '생각정리역량'을 기르면 누구나 창의적이고 선명한 대안을 도출할 수 있다.'

창의력과 문제해결능력을 향상시킬 수 있는 일종의 공식을 찾은 것입니다. 다시 말해 양질의 정보를 토대로 생각을 디자인(설계)함으로써 창조적 대안을 산출하는 모형을 만든 것이지요. 그 공식을 밝히기에 앞서 이것을 증명해주는 몇 가지 대표적인 이론과 문헌을 소개하겠습니다.

'정보+생각정리'의 공식을 증명하는 몇 가지 이론들

① 제임스 웹 영의 발상의 기술

제임스 웹 영은 미국의 전설적인 광고 기획자입니다. 그는 《손에 잡히는 아이디어》라는 아주 얇은 책을 냈는데, 이 책에서 다음 쪽 표와 같은 '창의적 아이디어를 내는 5단계 과정'을 알려줍니다. 참고로 그는 책을 통해 이 비법을 알려주는 이유를 '사람들에게 알려줘도 잘 따라하지 않기 때문'이라고 했습니다.

단계	세부내용
정보수집	현안문제에 관한 자료와 일반적 지식을 체계적으로 풍부하게 수집하고 수집한 자료들을 충분히 검토하며 예민한 감각으로 느끼고 그들의 관계에 대해 음미하는 단계
정보정리	정보수집단계에서 떠오른 생각들을 빠짐없이 기록하고 말로 표현하는 단계
집중과 휴식	(아이디어는 '무의식' 속에서 숙성되므로) 생각하는 주제에 대해 '완전히 잊는' 단계
확답도출	무의식 속에서 '유레카!' 하며 아이디어가 튀어나오는 단계
논의 · 구체화	도출된 아이디어를 다른 현명한 사람들의 비평을 통해 더 다듬어 현실로 만드는 단계

표의 내용처럼 창의적 아이디어를 산출하는 1단계는 '정보수집'입니다. 창의적인 아이디어가 하늘에서 뚝 떨어지지는 않을 테니까요. 2단계는 정보를 수집하는 과정에서 떠오르는 생각을 기록하는 '정보정리'단계입니다. 다음 3단계가 아주 중요합니다. 바로 '잊으라!'입니다. 이를 두고 제임스 웹 영은 창의적인 아이디어는 '무의식(잠재의식)' 속에서 숙성되어 어느 순간 '유레카!' 하며 떠오르기 때문이라고 설명합니다. 앞의 내용 중 더건 교수의 '섬광 같은 통찰력'이 떠오르는 대목이지요. 마지막으로 그는 창의적 아이디어는 다른 사람들의 조언과 비평을 통해 현실화할 수 있다고 이야기합니다.

결과적으로 그가 설명한 방식은 제가 앞에서 이야기한, 창의적인 대안을 얻기 위한 다음 2가지 변수를 충족하고 있음을 알 수 있습니다.

정보+생각정리

② BCG 전략적 사고의 원리

미타치 다카시가 지은 《BCG 전략 인사이트》라는 책에는 세계적인 컨설팅기업인 보스턴컨설팅그룹(이하 BCG) 내에서 이루어지는 전략적 사고방식이 설명돼 있습니다. 참고로 미타치 다카시 자신이 일본 BCG의 전 대표이자 현 시니어 파트너이기도 하지요. 이 책에서는 기존의 성공 패턴이 먹히지 않는 경우에 성공적인 대안을 창출하기 위해서는 과거의 사례연구 등의 단계를 넘어 어떤 '플러스 알파의 능력'이 필요하다고 이야기합니다. 이 플러스 알파의 능력을 보유한 사람만이 차별화와 경쟁우위를 확보할 수 있다는 것이지요. 이 책에서는 그 능력을 '인사이트(Insight)'라고 부르면서, 다음 그림과 같이 패턴정보를 담당하는 좌뇌와, 이미지화를 담당하는 우뇌가 융합해야만 인사이트를 얻을 수 있다고 이야기합니다. 이러한 통합을 통해서만 창의적인 가설(인사이트)을 도출할 수 있고, 그 가설을 다양한 각도에서 분석함으로써 발전시킬 수 있다는 것이지요.

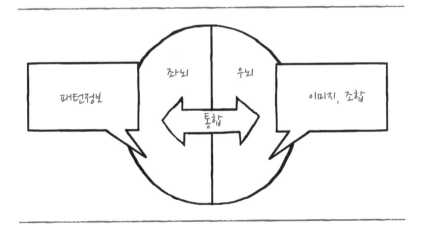

결국 위에서 설명한 좌뇌와 우뇌의 통합 역시 창의적인 대안을 산출하기 위한 다음 2가지 변수를 충족하고 있음을 알 수 있습니다.

정보+생각정리

③ 중용에서 배우는 현명해지는 법

이번에는 좀 더 오래된 자료를 통해 창의적인 아이디어를 얻는 방법을 찾아보겠습니다. 바로 유가(儒家)의 고전인《중용(中庸)》입니다.《중용》에서는 '사람이 현명해지는 방법'을 이렇게 설명합니다.

널리 배우고, 깊게 질문하며, 세심하게 생각하고, 명확한 답을 내고, 독실하게 실천하라. 博學之 蕃問之 愼思之 明辯之 篤行之

'널리 배우고, 깊게 질문하기'는 양질의 정보를 얻기 위한 활동입니다. 특히 단순하게 정보를 습득하는 데 그치지 말고 전문가에게 깊게 질문해서 입체적인 정보를 얻으라고 강조합니다. 그런 다음 세심하게 생각하여 명확한 답을 내라고 합니다. 이 역시 다음 2가지 변수를 충족하고 있습니다. 2500여 년 전이나 지금이나 창의적인 아이디어를 내는 방법에는 차이가 없는 것이지요.

정보+생각정리

생각 디자인을 통해 창조적 대안을 산출하는 모형

앞서 이야기했듯이 저는 위의 사례들을 비롯해 다양한 사례와 인문학 연구를 통해 다음과 같이 창조적인 대안을 도출하는 일종의 공식을 만들었습니다.

정보+생각정리(조합)=창조적인 대안 산출

이 공식을 좀 더 상세하게 풀어 보면 다음과 같습니다.

무의식 → 몰입 → [좌뇌(정보)+우뇌(이미지)] ⇒ 창조적 대안 산출

위의 공식의 의미는 이렇습니다. 우리의 무의식에는 엄청난 정보가 저장돼 있습니다. 이 무의식의 정보를 현재로 끌어와 영감, 직관 등으로 활용하려면 몰입능력이 필요합니다. 몰입된 상태에서 좌뇌가 담당하는 정보 및 다양한 패턴정보들과 우뇌가 담당하는 이미지, 조합능력을 융합하여 생각을 정리하면 창조적 대안을 산출할 수 있다는 것이지요.

위와 같이 정보, 몰입, 사고패턴의 유기적인 융합을 통해 단 하나의 선명한 결론을 도출해내는 과정을 머릿속에서 종합적으로 설계해나가는 방법을 그림으로 나타낸 것이 다음 쪽의 '생각 디자인 모형'입니다. 이 책은 이 모형을 기준으로 누구나 쉽게 자신의 생각을 정리하고 내면의 창조력을 끌어낼 수 있는 방법을 안내할 것입니다.

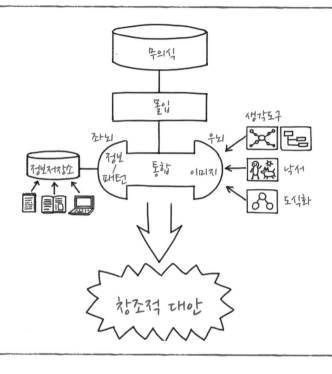

　위의 그림을 통해 알 수 있듯이 우리는 무의식을 통해서 직관(창의적인 아이디어)을 얻습니다. 즉, 완전한 몰입상태에 들어갔을 때 현재 우리가 가지고 있지 않은 정보를 도출할 수 있다는 뜻이지요. 예를 들어 이순신 장군은 명량해전 전날 밤 신인(神人)이 나타나 어떻게 하면 이기고 어떻게 하면 질지를 알려줬다고 《난중일기》에 기록하고 있습니다. 절실하게 이기는 방법을 고민하던 중 꿈이라는 무의식의 매개체를 통해 가지고 있지 않았던 정보를 얻은 사례이지요.

　이밖에도 이런 사례는 많습니다. 앞서 소개한 《생각의 탄생》이라는 책에서는 이러한 현상을 '돌연한 계시와 통찰'이라고 부르면서, 옥수수 연구로 노벨상을 수상한 매클린턴의 사례를 제시하고 있습니다. 매클린턴은 자신이 문제를 풀다 답이 떠올랐다면 그건 무의식 속에서 해답을 구한 경우이며, 자신에게는 이런 일들이 자주 일어났다고 합니다. 심지어 자신이 옥수수의 체계 일부로 느껴지면서 자신을 잊어버렸다고도 이야기합니다. 동양에서 말하는 물아일체(物我一體)상태에서 영감과 직관을 얻었다는 뜻이지요.

또 발명가 찰스 굿이어는 고무를 연구하다가 유황과 고무를 섞어 실험하는 꿈을 꾸고 나서 이를 실제 연구에 적용한 결과 '가황법'을 개발하여 오늘날 우리가 사용하는, 탄성과 내구성이 높은 고무를 발명했다고 합니다.

이처럼 무의식을 통해 얻은 직관은 아직 검증되지 않은 상태의 답인 가설을 도출하는 단계로 연결됩니다. 위의 사례들처럼 무언가를 연구해서 결과물을 만들거나, 상황에 따른 해결책을 찾으려면 반드시 먼저 가설을 도출해서 분석하는 과정을 거쳐야 합니다. 그래서 생각정리가 필요한 것이지요. 즉, 창조적 대안이나 결과물을 얻으려면 직관을 통해 가설을 도출하는 과정과 생각정리를 통해 그 가설을 분석·검증하는 과정이 함께 이루어져야 합니다. 직관을 통해 아무리 좋은 가설을 얻더라도 논리적인 생각정리를 통해 명확히 분석하지 못하면 수많은 가능성 중 하나에 불과해지고, 반대로 아무리 논리적 분석력이 뛰어나도 가설도출을 위한 직관을 얻지 못하면 잡다한 생각만 계속 맴돌 수밖에 없기 때문이지요.

2장부터는 위에서 제시한 '생각 디자인 모형'을 기준으로 생각정리에 필요한 세부적인 역량들을 향상시키는 방법을 하나하나 설명하겠습니다.

2장

생각정리의
활로를 여는 몰입의 힘

01

몰입, 지금 이 순간에
집중하는 힘

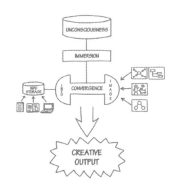

생각정리 최대의 적은 정보인식의 오류

'듣고 싶은 것만 들리고, 보고 싶은 것만 보인다'라는 말이 있습니다. TV에서 정치인들이 토론을 할 때 시청자들이 각자의 정치적 성향에 따라 지지하는 토론자의 정보만 받아들이고 상대편 토론자의 정보는 무시하거나 믿지 않으려는 상황을 예로 들 수 있습니다. 주식투자를 할 때 자신이 보유한 주식에 대한 1개의 긍정적인 전망은 적극적으로 신뢰하고, 다른 대다수의 부정적인 전망은 무시하는 행동도 그런 경우에 해당한다고 볼 수 있지요.

이처럼 자신의 '신념'과 일치하는 정보는 받아들이고 일치하지 않는 정보는 무시하는 경향을 심리학에서는 '확증편향(confirmation bias)'이라고 정의합니다. 확증편향은 여러분이 생각을 정리하는 데 있어서도 최대의 적이 됩니다. 들어오는 정보를 자신의 신념이나 가치관 등에 의해 왜 곡해서 받아들이면 생각정리의 방향이 처음부터 완전히 틀어지기 때문이지요.

심리학에서는 외부에서 정보가 들어오면, 그 정보를 선택하고, 이미지를 그리고, 해석하는 과정을 통해 정보를 인식하게 된다고 설명합니다. 따라서 우리가 들어오는 정보를 스스로의 가치관이나 신념에 의해 미리 선별해서 받아들인다면 올바른 생각정리가 어려워질 수밖에 없겠지요. 이런 오류를 막으려면 일단 '판단을 멈춰야' 합니다. 무의식적인 판단을 멈추고 정보를 있는 그대로 받아들이는 마음상태를 만들어야 한다는 뜻입니다. 이러한 사고방식을 '제로베이스 사고'라고도 합니다.

몰입에 필요한 2가지 조건

이런 마음상태를 만드는 데 필수적인 요건이 바로 '몰입'입니다. 타이거 우즈의 코치로 유명한 스티브 윌리엄스는 《골프, 정신력의 게임》이라는 책에서 이 몰입에 대한 개념을 간접적으로 설명해주고 있습니다. 그는 골프타수를 줄이려면 먼저 직접적인 주위 상황이 제공하는 확실하고 정확한 정보를 뇌에 제공해주는 습관을 개발해야 한다고 합니다. 그러려면 그런 정보들을 하나도 빼놓지 않고 스펀지처럼 흡수할 수 있도록 우리의 감각을 활짝 열어놓는 훈련을 해야 하는데, 이를 위해서는 우선 모든 정보에 대한 '의식적인 가치판단을 멈춰야 한다'라고 강조합니다. 무의식이 스윙의 기본을 형성하는 정보들을 혼합하는 작용을 의식적인 가치판단이 방해하면 실망스런 스윙이라는 결과가 나올 수밖에 없다는 것입니다. 윌리엄스는 이 책에서 의식적인 생각을 멈추게 하는 것을 '집중'이라고 했는데, 이것이 바로 '몰입'을 의미합니다.

물론 몰입한다는 것이 말처럼 쉽지는 않습니다. 평상시에 꾸준한 훈련이 필요하지요. 저의 경우 홍익학당의 윤홍식 대표에게서 12년 동안 몰입과 인문학을 배웠습니다. 윤홍식 대표가 강조하는 몰입비법은 '조건만 갖추어지면 무조건 몰입이 된다'라는 것입니다. 즉, 몰입은 의도적으로 만들어내는 상태가 아니라, 다음 2가지 조건이 갖춰지면 자연스럽게 몰입상태에 들어가게 된다는 것이지요.

집중+만족

누구든 할 수 있는 간단 몰입법

여기서는 이런 조건을 충족하면서 여러분이 언제 어디서든 몰입상태에 들어갈 수 있는 방법을 소개하겠습니다. 제가 '지금! 몰입법'이라고 부르는 방법인데요, 다른 몰입법보다 간단하면서도 쉽게 몰입상태에 들어가게 해준다는 장점이 있습니다. 저는 홍익학당에서의 인문학 공부와 직장생활에서의 체험을 통해 이 방법을 체득하고 나서 지금까지 효과적으로 활용하고 있습니다. 먼저 그때의 체험부터 간략히 소개하겠습니다.

제가 구조조정을 한 지 얼마 안 된 회사에 들어가서 인사총괄책임을 맡았을 때의 일입니다. 당시 저는 입사 후 3년 동안 회사 재건을 위해 낮에는 인사 시스템을 정비하고, 밤에는 구성원들을 설득하고 격려하기 위해 새벽까지 함께 술을 마시는 생활을 반복했습니다. 그때가 저에게는 태어나서 지금까지 술을 가장 많이 먹은 시기였습니다.

그런데 어느 날 한 술자리에 참석했다가 몇몇 다른 부서 팀장들에게서 '회사 내에 인사팀과 인사팀원들에 대한 불만이 많다'라는 이야기를 들었습니다. 그날 밤, '3년 동안 회사를 위해 죽어라 일한 결과가 이거란 말인가…'라는 생각에 너무 억울해서 잠이 안 오더군요. 새벽녘까지 생각이 복잡해서 잠을 못 이루다가 갑자기 머리가 터질 것 같아서 저도 모르게 마음속으로 이렇게 외쳤습니다.

'정신 차리자! 지금! 바라보자!'

순간 머리가 맑아지고 객관적인 의식상태가 되면서 갑자기 한 가지 생각이 떠올랐습니다.

'이윤석! 너 지금 초심이냐? 너, 좋은 회사 만들고 구성원들 성장시키겠다고 이 회사에 왔잖아. 그런데 왜 자꾸 자리에 연연해?'

'그래, 초심으로 돌아가자! 오직 '지금'만 고민하자! 내가 어찌되든 말든…'

그날부터 1년 동안 마음속으로 '지금!'만 외치며 살았습니다. 바쁠 때 팀원들에게서 보고를 받거나 면담요청을 받을 때도 마음속으로 '지금!'을 외치며 바쁜 일을 잠시 잊고 팀원들에게 집중했고, 평소 나쁜 인상을 가졌던 사람을 대할 때도 '지금!'을 외치며 선입견을 걷어내고 진지하게 마주했습니다. 그렇게 1년을 보내고 나니 놀라운 변화가 생기더군요. 팀원들의 업무자세도 팀의 분위기도 달라져서 우리 팀에 대한 회사 내부의 신뢰가 꾸준히 올라갔습니다. 덕분에 저는 인사실장으로 승진하는 혜택도 얻을 수 있었습니다.

그 후 저는 이런 체험에 홍익학당에서 배운 명상법을 접목하여 누구나 쉽게 따라할 수 있는 몰입방법을 정리할 수 있었습니다. 그 기본은 앞서 이야기했듯이 '집중+만족' 상태를 충족시키는 것입니다. 예를 들어 현재 여러분이 그랜드캐넌이나 히말라야산 정상에 있다면 어떨까요? 아마도 '와!' 하고 감탄하며 눈앞에 펼쳐진 장관에 '집중'하게 되고, 그 순간 더 바랄 것 없이 '만족'한 마음상태가 될 것입니다. 바로 '몰입상태'에 들어가는 것이지요. 이 상태가 지속되면 행복호르몬이라 부르는 세로토닌이 나오면서 기분도 아주 상쾌하고 즐거워집니다.

이런 원리를 활용하면 눈앞에 대단한 장관이 펼쳐져 있지 않더라도 얼마든지 몰입상태에 들어갈 수 있습니다. 그 방법은 다음과 같습니다.

① 현재 눈앞에 있는 어떤 물체나 광경을 바라봅니다.
　(이때 그것이 어떤 물체나 광경이든 상관없습니다.)
② 그 물체(또는 광경)에 시선(눈동자)을 고정하고,
　가볍게 초점을 잡습니다.
③ (시간을 칼로 자르듯이) '지금!'이라고 소리 내어
　선언합니다.
④ 입가에 미소를 지으면서 '괜찮아!'라고 소리 내어
　선언합니다.

위의 방법 중에서 ③의 '시간을 칼로 자르듯이'의 개념은 이렇습니다. 우리는 늘 과거에 대한 아쉬움이나 미래에 대한 두려움 때문에 머릿속에서 잡념과 상념이 끊이지 않습니다. 이러면 우리의 의식이 계속해서 과

거와 미래로 왔다 갔다 할 수밖에 없습니다. 이때 위와 같이 '지금!'이라고 소리 내어 선언함으로써 과거와 미래를 순간적으로 끊어버리면 쉽게 몰입상태에 들어갈 수 있습니다.

저는 강의를 하면서 수천 명을 대상으로 이 방법의 실제 효과를 실험해봤는데, 대부분 실행 후에 '정신은 또렷하게 인식되는데 잡념은 생기지 않는 현상'을 체험했다는 반응을 보였습니다. 그것이 바로 몰입상태에 들어갔을 때 느껴지는 현상입니다.

방법이 너무 단순해서 효과를 믿지 못하겠다는 사람도 있을 것입니다. 이에 대해 조선시대에 퇴계 이황 선생과 학문적으로 쌍벽을 이루었다는 남명 조식 선생의 몰입법으로 답을 대신하겠습니다. 조식 선생은 늘 허리에 성성자(惺惺子)라는 방울을 차고 다니면서 움직일 때마다 딸랑거리는 소리를 듣고 '경(敬)'에 들어갔다고 합니다. 여기서의 '경'이 바로 '몰입'입니다. 조선 최고의 학자 역시 단순한 자극을 이용해서 늘 몰입상태를 유지했다는 것이지요. 이처럼 실전에서는 어렵고 화려한 방법보다는 쉽고 단순한 방법을 반복해서 훈련하는 방식이 훨씬 효과적인 경우가 많습니다.

지금까지 설명한 몰입방법을 더 효과적으로 훈련하는 팁이 있습니다. 다음과 같이 스마트폰 알람을 정기적으로(예를 들면 1시간 단위) 설정하여 알람이 울릴 때마다 '지금!'이라고 마음속으로 외치며 정신을 일깨우는 것입니다. 조식 선생이 방울을 차고 다니면서 딸랑 소리를 들은 것과 같은 방식이지요.

몰입이나 몰입방법에 대한 보다 정확한 원리를 알고 싶다면 홍익학
당 윤홍식 대표가 쓴《내 안의 창조성을 깨우는 몰입》을 읽어보기를 권
합니다.

02

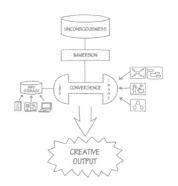

주도적인 생각을
활성화하는 방법

대응적인 사람과 주도적인 사람의 차이

제가 회사의 교육담당자로 일하던 20년 전에는 '7 Habit'이라는 리더십 프로그램이 유행했습니다. 세계적인 리더십 전문가인 스티븐 코비 박사의 《성공하는 사람들의 7가지 습관》이라는 책을 모티브로 한 프로그램으로, 당시 많은 기업에서 너도나도 비싼 수강료를 내며 임직원들을 이 프로그램에 참여시켰지요. 저 역시 한 번 참여했었는데, 그대로만 하면 정말 리더십이 획기적으로 발전할 것 같은 좋은 프로그램으로 보였습니다. 하지만 저는 그 프로그램의 본질적인 부문에서 커다란 의문이 생겼습니다. 7 Habit 프로그램에서는 리더십을 중심으로 사람을 '대응적인 사람'과 '주도적인 사람'으로 분류합니다. '대응적인 사람'이란 외부에서 자극이 들어왔을 때 다음 쪽 그림처럼 즉각적·습관적으로 반응하는 사람을 말합니다.

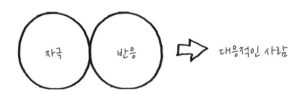

반면에 '주도적인 사람'은 다음 그림처럼 외부의 자극에 즉각적으로 반응하지 않고 '원칙중심의 가치관'을 기준으로 선택하여 반응하는 사람을 말합니다.

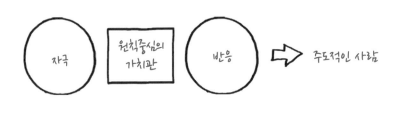

당시 저는 '어떻게 하면 자극과 반응 사이에 '원칙중심의 가치관'이 들어갈 공간을 만들 수 있지?'라는 의문을 풀기 어려웠습니다. 그 공간을 만들지 못한다면 결국 자기 주관대로 자극에 반응하는 '대응적인 사람'의 유형에서 벗어나지 못할 테니까요. 실제로 제 주변의 리더들도 프로그램에 참여한 직후에는 잠시 달라진 리더십을 보였지만 2주 정도 지나서는 원래 스타일로 회귀하는 패턴을 보였습니다.

이후 오랫동안 '결국 리더십은 타고나는 것인가?'라는 고민에서 벗어나지 못하다가 인문학을 공부하면서 해답을 얻을 수 있었습니다. 바로 '몰입'이었습니다. 몰입상태일 때 우리는 의식이 초연해지면서 자극과 반응 사이에 '원칙중심의 가치관'이 들어갈 공간을 만들 수 있고, 이를 통해 외부 자극에 대해 무의식이 즉각적·습관적으로 반응하는 상태를 넘어 선택적 반응이 가능해진다는 사실을 체험적·개념적으로 알게 됐습니다.

몰입을 이용한 메타인지의 활성화

최근 인지심리학 분야에 코비 박사가 말한 '원칙중심의 가치관'을 대체할 만한 새로운 개념이 발견됐습니다. 바로 '메타인지'라는 개념인데, 이것은 'meta'와 'Recognition'의 결합어로서 '생각을 인지하는 능력', 달리 말하자면 '자신의 생각을 보는 또 다른 인식'을 의미합니다. 이와 관련해 인지심리학자인 김경일 교수는 〈어쩌다 어른〉이라는 TV 프로그램에 출연해 '우리가 인생에서 하는 실수의 대부분은 메타인지 오류에서 발생한다'라면서, '메타인지가 좋아야 학습능력도 올라가고 기존의 것을 새롭게 조합하여 새로운 것을 창조할 수 있다'라고 했습니다.

사실 부르는 이름이 다를 뿐, 오랜 전 동서양 철학에서도 메타인지와 같은 개념이 있었습니다. 서양철학에서의 이성(理性)이나 동양철학에서의 양지(良知), 본성, 양심 등이 그렇고, 맹자의 시비지심(是非之心, 옳고 그름을 판단하는 능력) 역시 같은 개념으로 볼 수 있습니다.

이처럼 우리가 몰입을 통해 메타인지를 활성화시키면 시야가 넓어지고, 상황을 객관적으로 바라보게 되고, 기존의 것들을 낯설게 볼 수 있게 되며, 옳고 그름을 판단할 수 있는 선명한 직관을 얻을 수 있습니다. 이를 통해 복잡하기만 했던 생각이 명확히 정리되고 많은 것들을 성취할 수 있겠지요. 다만 몰입을 통해 활성화된 메타인지가 여러분의 머릿속에서 제대로 작동하려면 한 가지 중요한 전제조건을 충족해야 합니다. 바로 '아는 것에 대한 모호함'에서 벗어나야 한다는 것입니다. 이에 대해서는 다음 내용에서 자세히 설명하겠습니다.

03

생각정리를 방해하는 모호함을 걷어내라

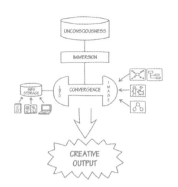

아는 것과 모르는 것의 모호한 경계

'아는 것을 안다고 하고 모르는 것을 모른다고 하는 것! 그것이 아는 것이다.'

《논어》에서 공자가 '안다는 것'에 대해 정의한 내용입니다. 이런 공자의 가르침과는 달리 우리 주변에는 '아는 것과 모르는 것'을 명확히 구분하지 못하는 사람이 상당히 많습니다. 어느 책 한 권에 나온 내용이나, 누군가에게서 들은 내용, 인터넷 검색을 통해 얻은 정보를 '아는 것'으로 착각하여 무조건 그 내용이 맞다고 우기는 사람이 대표적이지요. 회사 회의자리에 이런 사람이 있으면 정말 답이 안 나옵니다. 회의 내내 설전만 오고가다 결국 아무 결론도 내지 못하고 끝나게 되지요.

예전 직장생활을 할 때 이런 일이 있었습니다. 부하직원에게 경영진

회의에 활용할 보고서 작성을 지시했는데 예상보다 훨씬 빨리 작성해서 가져왔습니다. 그런데 보고서 내용을 검토하다보니 법조항 관련 사항이 있어서 "이거 법제처 홈페이지 들어가서 확인해봤어?"라고 물었더니 이렇게 대답하더군요.

"아뇨, 인터넷으로 검색해보니까 마침 한 블로그에 그 조항이 나와 있기에 그대로 인용했습니다."

저는 그렇더라도 법제처 홈페이지에서 다시 확인해보라고 지시했는데, 확인 결과 해당 법조항은 이미 몇 년 전에 개정된 내용이었습니다. 순간 '이대로 경영진에게 보고했으면 어쩔 뻔 했어'라는 생각에 식은땀이 흐르더군요. 이런 사례들은 부지기수로 많습니다.

메타인지가 제대로 작동하고, 나아가 생각을 명쾌하게 정리하려면 이처럼 '아는 것과 모르는 것을 정확히 판단하는 것', 즉 '정보나 생각의 모호함을 없애는 것'이 무엇보다 중요합니다. 이런 모호함이 결과적으로 생각정리나 창조적 대안을 산출하는 데 있어서 결정적인 오류를 일으키기 때문입니다.

모호함을 만드는 사족과 생각의 버그

머릿속의 모호함을 제거하는 데 있어서는 무엇보다 '모르는 것을 모른다고 인정'하는 태도가 중요합니다. 그리고 그 인정의 주체는 '남'이 아니라 '나' 자신이 돼야 합니다. 즉, '스스로에게 정직하라'는 의미입니다.

내가 '선명하게 안다는 것'은 그 내용을 다른 사람에게 쉽게 설명할 수 있다는 사실을 의미합니다. 저 역시 한 후배의 말을 듣고 꽤 오랫동안 이 것을 인정하지 않았었다는 사실을 깨달은 적이 있습니다. 어느 날 제 강의를 들었다는 후배가 이런 말을 해주었습니다.

"선배님, 예전에는 강의할 때 고전을 많이 인용하시더니, 지금은 인용이 줄었는데도 같은 이야기를 더 이해하기 쉽게 풀어주시네요."

예전에도 제 딴에는 강의내용을 쉽게 풀어주기 위해 인문학 사례를 많이 인용했던 것인데, 후배의 말을 듣고 나서는 이런 생각이 들었습니다.

'그때는 그 내용들을 내가 지금처럼 선명하게 이해하고 체화한 것이 아니었구나.'

정보 등이 모호한 상태에서는 절대 생각정리를 시도해서는 안 됩니다. 그 모호함이 컴퓨터 프로그램의 버그처럼 뇌를 다운시키거나 랙이 걸리게 하기 때문입니다. 그럴 때는 선명하게 아는 내용만 엮어서 생각을 정리하고, 선명하지 않은 내용은 판단을 보류하는 것이 바람직합니다.

예를 들어 직장에서 보고서를 작성해야 하는데, 시간도 정보도 부족한 상황이라고 가정해보겠습니다. 이런 상황에서 정확히 아는 정보만을 엮어서 보고서를 작성하면 이런 피드백을 받을 것입니다.

"보고서 내용은 아주 좋아. 그런데 결론을 뒷받침하는 정보가 좀 부족해 보이네. 그 부분만 좀 보완해주게."

반면에 보고서를 잘 작성하려는 욕심으로 정확히 아는 정보 외에 정확하지 않은 정보와 주관적인 주장을 덧붙이면 이런 피드백을 받을 것입니다.

"어떻게 사실 확인도 안 해보고 보고서를 작성하나? 그리고 내용은 왜 이렇게 장황해. 도대체 말하고 싶은 핵심이 뭔지 알 수가 없잖아!"

한마디로 사족(蛇足)이 잔뜩 달린 보고서가 돼버린 것이지요. 보고서뿐만 아니라 머릿속에 모호함이 가득하면 생각에도 사족이 달려서 명확한 판단이나 결론을 얻을 수 없습니다.

참고로 《토요타에서 배운 종이 한 장으로 요약하는 기술》의 저자 아사다 스구루는 '종이에 적어 보면 자신이 무엇을 아는지 모르는지가 확실하게 보인다'라고 이야기합니다. 종이를 자신의 머릿속이라고 생각하고 '내가 선명하게 아는 것이 보이도록 구체화하라'는 의미입니다. 물론 이 방법 역시 스스로 '정직하지 않으면' 효과를 볼 수 없습니다.

모르는 것을 인정했을 때 열리는 생각정리의 길

남들 보기 부끄럽다고 모르는 것을 아는 척하면 결과적으로 큰 어려움을 겪게 될 가능성이 큽니다. 사업하는 사람들이 대부분 그런 어려움을 겪습니다. 사업에서 성공한 사람들의 인터뷰를 보면 상당수가 '한강에 몇 번을 갔다가 되돌아왔다', '지옥의 터널을 뚫고 나왔다는 생각이 든다' 등의 이야기를 합니다. 왜 그럴까요? 처음 사업을 시작할 때는 자신이 다 안다고 생각했는데 막상 현실을 마주해보니 자신이 놓쳤던(모르고 있던) 변수들이 여기저기서 튀어나왔기 때문이지요. 그들은 온갖 어려움을 극복해가며 그런 변수들을 모두 정확히 알고 통제하게 됐을 때 비로소 사업이 제대로 성장하기 시작했다고 이야기합니다.

'선명하게 안다'는 것은 바로 그런 의미입니다. 사업이든, 문제해결이든, 차별화든, 창조적 대안의 산출이든 우리가 그와 관련한 거의 모든 변수와 정보들을 '선명히 알았을 때' 긍정적인 결과를 창출해낼 수 있다는 것이지요. 소크라테스는 델포이 신탁에서 자신이 아테네에서 가장 현명한 사람이라는 신탁이 나오자 이렇게 말했다고 합니다.

"내가 아무것도 모른다는 단 한 가지만을 안다는 것을 신께서 기리신 것이다."

역설적이지만, 이 말처럼 '내가 모르는 것을 명확히 아는 것'이 생각정리의 출발점이 됩니다.

04

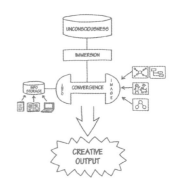

과거를 끊어내야만 창조적 생각이 가능하다

과거에 얽매이는 생각들이 만들어내는 함정

소위 꼰대로 불리는 사람들이 즐겨 쓰는 표현들이 있습니다. 대부분 '내가 왕년에 말이야'와 비슷한 표현들이지요. 꼭 이런 표현을 쓰지 않더라도 우리 주변에는 '과거에서 벗어나지 못하는' 꼰대들이 상당히 많습니다. 새로운 방식이나 제도를 받아들이지 못하고 스스로 오랫동안 경험해온 것들이 '정답'이라고 생각하는, 일명 '전문가의 함정'에 빠져 있는 사람들이지요. 이처럼 과거라는 고정관념에 붙잡히면 생각정리나 창조적인 발상을 하기 어렵습니다.

개인뿐만 아니라 기업들이 혁신하지 못하는 이유도 다르지 않습니다. 과거의 경영관행이나 환경 등이 사고의 제약을 만들고, 이로 인해 넓은 관점에서 미래를 바라보지 못하게 되는 것이지요. 인터넷 메신저 시장의 예를 들어 볼까요? 현재 국내 메신저 분야에서 압도적 점유율을 차지하고 있는 카카오톡이 처음 시장에 진출할 당시에는 PC 메신저가 대세를 이루고 있었습니다. 이에 카카오톡은 처음부터 PC가 아닌 모바일 기반의 메신저를 론칭함으로써 시장을 선점하고 지금의 성공을 이룰 수 있었습니다. 반면에 당시 선두 PC 메신저들은 'PC 기반 중심'이라는 '과거에 얽매이다 보니' 모바일 버전 제작이 늦었고, 만들어도 제약이 있을 수밖에 없어서 결국 카카오톡의 승리를 지켜볼 수밖에 없었습니다.

기존의 것들을 낯설게 대함으로써 얻는 놀라운 효과

생각을 명쾌하게 정리해서 완전히 차별화된 발상을 하고 싶나요? 기존에는 없었던 혁신을 이루고 싶나요? 그렇다면 우선 매순간 과거를 끊어내는 훈련을 하십시오. 과거를 끊어내는 가장 좋은 방법은 바로 이것입니다.

'기존의 것들을 처음 보듯 낯설게 대하기'

저는 예전에 부하직원들에게 '내 일에 대해 아무것도 모르는 사람처럼 그 일을 다시 한 번 살펴보라'라고 조언하곤 했습니다. 그래야만 상사나 고객의 관점에서 자신의 일을 바라봄으로써 스스로 미처 생각해보지 못했거나 발견하지 못했던 문제점이나 개선책을 발견할 수 있기 때문입니다. 예를 들어 여러분이 회사에서 보고서를 작성했다면 보고를 하기 전에 이면지에 그 보고서를 출력하여 마치 처음 보는 사람처럼 읽어보십시오. 그러면 오탈자는 물론이고, 작성할 때는 인지하지 못했던 개선책이나 논리의 오류 등을 발견할 수 있을 것입니다.

이때 앞에서 설명한 몰입방법을 활용하면 큰 도움이 될 것입니다. 보고서든, 해결해야 하는 문제든, 생각을 복잡하게 만드는 상황이든, 우선 가볍게 '지금!'이라고 선언한 후에 눈앞에 놓인 사안들을 초연하게 낯선 시각에서 바라보는 것이지요. 이런 방법 등을 활용해서 과거를 과감히 끊어내고 현실을 냉정하게 파악해야만 새로운 대안을 도출하는 출발점에 설 수 있습니다.

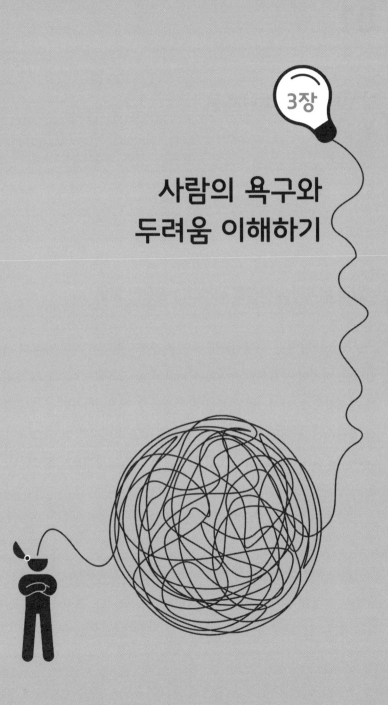

3장

사람의 욕구와
두려움 이해하기

01

당신의 최종 소비자는 누구인가

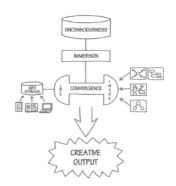

일과 생각의 방향성을 제시하는 중요한 질문

보통 소비자 또는 고객이라고 하면 시장에서 물건을 사는 주체를 생각합니다. 하지만 시장뿐만 아니라 여러분의 삶 곳곳에도 여러분의 소비자가 존재합니다. 학생이라면 부모나 선생님이, 직장인이라면 상사와 경영진 등이 모두 자신이 하는 일이나 행동에 대한 소비자가 될 수 있습니다. 그런데도 많은 사람들이 이런 질문에 대한 답을 고민해보지 않습니다.

'내가 하는 일(또는 행동)의 최종 소비자는 누구인가?'

그러다보니 내가 열심히 일하거나 노력해서 결과물을 만들어내면 사람들이 그것을 좋아할 것이라고 막연히 생각합니다. 정작 그 결과물에 대해 좋고 싫음을 판단할 결정권자가 누구인지도 모르고 말이지요.

예전 직장에서 회계담당자가 제게 이런 하소연을 한 적이 있습니다.

"그룹웨어에 해외출장비 정산방법을 올려놓았는데도 사람들이 매번 전화로 물어보니 정말 짜증나 죽겠어요."

그 말을 듣고 제가 물었습니다.

"회사 사람들이 해외출장비 정산할 일이 1년에 몇 번이나 될까요?"

"글쎄요, 부서장급이 아니라면 1~2년에 한 번 정도 아닐까요?"

"그렇다면 전화하는 직원 입장에서는 1년에 한 번 정도 생기는 일이라서 관련 정보가 그룹웨어에 있는지 기억하지 못할 수도 있지 않을까요? 그런데 1년에 한 번 전화한 일로 담당자에게서 짜증 섞인 대답을 들으면 어떤 기분이 들까요?"

이 말을 듣고 나서 그 담당자가 이렇게 대답하더군요.

"음, 듣고 보니 그럴 수 있겠네요. 무슨 이야기인지 이해가 됩니다. 앞으로 관련 정보를 더 눈에 잘 띄는 공간에 게시하고, 전화가 오면 좀 더 친절하게 안내해줘야겠네요."

이처럼 자신이 하는 일의 소비자가 누구이고, 그 소비자의 현재 상황이 어떤지를 알게 되면 스스로 무슨 일을 해야 하는지를 깨닫게 됩니다. 저 역시 처음 직장생활을 할 때 이런 사실을 깨닫지 못해서 많은 어려움을 겪었습니다. 무슨 일을 하든지 상사에게 깨지는데, 깨지는 이유를 선명하게 알 수 없어서 매번 같은 상황이 반복됐습니다. 마치 블랙박스나 블랙홀을 상대하고 있는 것 같았지요. 나중에야 그 블랙박스 안에 들어 있던 비밀의 열쇠가 바로 '내가 하는 일의 최종 소비자는 누구인가?'인지를 알게 됐습니다.

'지금 내가 하는 일의 소비자는 누구인가? 내가 한 일의 최종 소비자는 누구인가?'

이것이 여러분이 생각정리를 통해 창의적인 결과물을 만들어내는 데 있어서 가장 중요한 질문이 됩니다.

완벽한 결과물을 얻기 위한 관점의 전환

위에서 '최종 소비자가 누구인가'라는 질문의 중요성을 강조했지만, 생각정리를 통해 보다 완벽한 결과물을 얻으려면 이 질문에서 한 발짝 더 나가서 다음과 같은 조건을 충족할 수 있어야 합니다.

여기서의 핵심은 '리얼'에 있습니다. 즉, 최종 소비자의 경험, 취향, 선호도, 가치관이 눈앞에 그려질 정도로 '구체적으로' 상상할 수 있어야 한다는 뜻입니다. 이를 위해서는 무엇보다 '관점의 전환'이 중요합니다. 흔히 '역지사지'라고도 하지요. 바로 이것이 생각정리, 직장인이라면 기획의 실마리를 제공하는 가장 중요한 포인트가 됩니다.

제가 이 '관점의 전환'의 중요성을 깨달은 사례가 있습니다. 군 시절 인사행정장교로 일했을 당시 새로 직속상사가 부임해오면서 생긴 일입니다. 그 상사가 온 이후 평탄했던 저의 군 생활은 지옥의 나락으로 떨어졌습니다. 사단장 보고자료를 만드는 족족 빨간 펜으로 난도질을 당했고, 찰진 욕도 숱하게 얻어먹었습니다. 그 중에서도 이 말이 제일 듣기 싫었습니다.

"어떻게 장교라는 놈 일하는 게 사병만도 못하냐!"

그전까지 나름 인정받는 인사행정장교라고 생각했던 제가 한순간 '고문관'이 돼버린 것이지요. 두어 달 가까이 그런 취급을 당하다 보니 '어떻게든 인정받고 말겠다'라는 오기가 생겼습니다. 그렇게 며칠을 고민하다가, 어느 토요일 오후에 모두 퇴근한 사무실에서 창밖을 내다보다가 갑자기 이런 생각이 떠올랐습니다.

'그래, 내가 만든 보고서로 사단장님에게 보고하는 사람은 내가 아니라 상사잖아. 그렇다면 사단장에게 보고하는 상사의 입장을 한 번 상상해보자!'

그런 생각으로 제가 작성하던 보고서를 검토해보니 전문적인 내용이 많아서 일반 보병출신인 사단장이 이해하기 어렵겠다는 생각이 들었습니다. 속칭 말발도 좋지 않은 상사가 사단장 앞에서 쩔쩔매는 모습이 상상되면서 미안한 마음까지 들더군요. 결국 상사가 찰진 욕을 섞어가며 저에게 '이게 대체 무슨 말이냐고?'라고 물었던 내용들이 자신이 보고할 때 사단장에게서 들을 만한 질문이라는 사실도 깨달았습니다. 저는 이런 관점에서 보고서를 수정해서 월요일 아침에 상사에게 제출했습니다. 그 날 저는 처음으로 '수고했어'라는 감격적인(?) 말을 들으며 빨간 펜의 습격을 받지 않은 채 보고서 결재를 받을 수 있었습니다. 위에서 이야기한 것처럼 상사의 경험과 지식, 선호도, 입장 등을 구체적으로 상상함으로써 답을 얻을 수 있었던 것이지요.

내가 만든 결과물이 최종 소비되는 장면을 얼마나 구체적으로 상상하느냐. 바로 이것이 여러분이 하는 모든 일의 성공 가능성을 높이게 됩니다.

관점전환에 도움이 되는 3가지 팁

내 마음이 네 마음 같지 않은 것이 현실인데, 관점의 전환이 말처럼 쉽게 되지는 않겠지요. 그렇더라도 생각정리를 통해 남들보다 뛰어난 결과물을 만들겠다고 결심한 여러분은 이를 위해 노력할 필요가 있습니다. 그 노력의 어려움을 덜어주는 몇 가지 팁을 제시하면 다음과 같습니다.

① 진심으로 상대방의 입장이 돼서 원하는 것을 상상해본다

사실 사람의 마음은 대부분 비슷합니다. 입장이 다를 뿐이지요. 이런 측면에서 수시로 다른 사람과 입장을 바꿔 생각해보는 훈련을 해봅니다.

'내가 상사(부하직원)라면 어떨까?', '내가 아내(남편)라면 어떨까?', '내가 엄마(자식)라면 어떨까?' 하는 식으로 말이지요. 진심으로 내가 상대방의 입장이 돼서 생각해보는 훈련을 하다보면 어느 순간 상대방의 입장과 생각이 마음속에 구체적으로 확 와닿게 됩니다.

② 내가 만든 결과물이 실제 실행되는 장면을 상상해본다

나름 열심히 정보를 모으고 고민해서 만든 결과물이라고 해도 오류가 생기거나 제대로 실현되지 않는 경우가 많습니다. 이럴 때 도움이 되는 방식이 '내가 만든 결과물이 실제로 실행되는 장면을 상상해보는 것'입니다. 예를 들어 여러분이 '행사 기획안'을 만들었다면, 실제 그 행사가 진행되는 장면을 구체적으로 순서대로 상상해봅니다. 그러면 사람들이 생각대로 움직여주지 않거나, 생각으로는 가능할 듯한데 실제로는 시간적·물리적으로 실현하기 어려운 부분들이 보일 것입니다. 그럼 그 부분을 개선하는 식으로 결과물의 완성도를 높일 수 있습니다. 머릿속에서 미리 시뮬레이션을 돌려봄으로써 오류와 변수를 제거하는 방식인 것이지요.

③ 나는 아무것도 모른다는 관점에서 낯설게 바라본다

'내가 만든 결과물을 낯설게 바라보는' 훈련이 필요합니다. 2장에서 설명한 것처럼, 내가 만든 결과물을 '나는 아무것도 모른다'라는 관점에서 처음 보듯이 살펴보면 보이지 않던 오류나 문제점을 발견할 수 있습니다.

02

욕구와 두려움 속에 숨어있는 문제해결의 열쇠

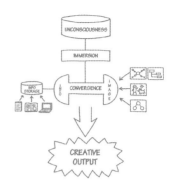

꼬인 문제를 풀어주는 '욕구-두려움-상황' 분석법

사람은 누구나 '욕구'와 '두려움'을 가지고 있습니다. 그리고 이 2가지 감정이 생기게 만드는 '상황'이 존재하지요. 따라서 우리가 누군가에 대한 '욕구-두려움-상황'을 분석할 수 있다면 어떤 상황에 따른 그 사람의 대응이나 반응을 빠르게 예측할 수 있습니다.

몇 년 전 저는 이런 분석법을 이용해 맞소송을 한 두 회사를 중재한 적이 있습니다. 당시 저는 A 사 CEO의 자문역으로 사업을 돕고 있었는데, 어느 날 투자사인 B 사에서 사업전망이 어두우니 자금지원을 중단하겠다는 통보를 받았습니다. 이에 A 사 CEO는 자금중단으로 인해 사업적 손실을 봤다며 B 사에 소송을 걸었고, B 사도 대출금을 돌려달라며 맞소송을 걸었습니다. 사실 A 사에서는 대출에 대한 대가로 B 사에 주식을 싸게 넘긴 사실이 억울해서 소송을 걸었던 것이고, B 사 역시 또 다른 투자실패로 인해 자금사정이 안 좋아져서 대출금 반환을 요구했던 것이었습니다.

저는 소송이 길어지면 사업이 실패하고 결국 두 회사 모두 경제적·정신적 손해를 볼 수밖에 없다는 생각에, 중재를 목적으로 제가 알고 있는 양측의 욕구, 두려움, 상황을 다음과 같이 분석해봤습니다.

구분	A 사	B 사
욕구	돈을 천천히 돌려주고 싶다. 싸게 넘긴 주식을 돌려받고 싶다.	A 사가 추진하는 사업이 어려울 것 같아 자금지원을 끊고 기존 대출금을 돌려받고 싶다.
두려움	갑자기 대출금을 돌려주면 자금 곤란이 온다.	사업이 실패하면 대출금을 돌려받지 못할 것 같다.
상황	자금상황이 안 좋다.	다른 투자실패로 인해 자금상황이 안 좋다.

이렇게 양측의 욕구, 두려움, 상황을 분석해보니 다음과 같이 중재를 위한 실마리가 보였습니다.

- B 사는 A 사의 주식가치를 높게 평가하지 않으므로 주식을 매입가격으로 반환하는 데 반대하지 않을 것이다.
- B 사는 대출금을 돌려받지 못하는 상황을 두려워하고 있으므로 A 사에서 대출금을 일정 기간 분할해서 돌려준다고 하면 받아들일 것이다.

저는 이렇게 분석한 내용을 토대로 A 사의 CEO를 설득했고, 결국 이 중재안을 B 사에서 받아들여 상호 합의서를 작성하고 서로 소송을 취하

하기로 했습니다.

이처럼 협상이든, 채용이든, 기획이든, 제안이든, 보고서 작성이든 '욕구-두려움-상황' 분석을 해보면 문제를 순조롭게 해결할 실마리를 찾을 수 있습니다.

두려움에 대한 공감이 공략 포인트

위에서 설명한 3가지 분석요소 중에서도 특히 여러분이 일이나 행동에 대한 성공 가능성을 높이기 위해 집중적으로 공략해야 하는 포인트는 이것입니다.

'상대방이 두려워하는 지점이 어디인가.'

예를 들어 여러분이 투자제안서를 작성한다면, '투자자금을 안전하게 회수할 수 있을까?'라는 투자자의 두려움을 해소해줄 내용을 세밀히 기술해야 합니다. 또 만일 프로젝트 예산확보를 위한 보고서라면 '예산 사용에 따른 성과를 명확히 측정할 수 있을까?'라는 경영진의 두려움을 해소해줄 내용이 들어가야 합니다. 반대로 대규모 자금이 투입되는 마케팅 기획안에 마케팅 효과측정방법에 대한 내용을 불분명하게 작성한다면, 자금투입에 따른 효과를 두려워하는 경영진의 승인을 받기 어려울 수밖에 없습니다.

제가 인사책임자로 일할 때 C라는 본부장급 인재를 두고 경쟁사와 채

용경쟁을 벌인 적이 있습니다. 두 회사가 제시한 연봉에는 차이가 없었지만, 이미 사업이 성공궤도에 올라있는 경쟁사 쪽이 인재유치 측면에서 다소 유리한 상황이었습니다. 하지만 저는 오히려 이런 상황을 다음과 같이 역발상으로 분석해봤습니다.

'40대 중반인 C의 입장에서는 이미 모든 조직이 완벽히 세팅돼 있는 경쟁사에서 혼자 자리를 잡지 못하는 상황을 두려워할 수 있다.'

그래서 저는 C에게 '우리 회사는 아직 조직을 세팅 중이라서 당신이 주도적으로 후배 인재들을 확보해서 함께할 수 있다'라는 점을 적극적으로 어필했습니다. 그리고 결국 이 전략이 맞아떨어져서 C를 영입할 수 있었지요.

이처럼 사람은 욕구의 반대쪽에 늘 '혹시 안 되면 어쩌지?'라는 '두려움'을 함께 가지고 있습니다. 이럴 때 여러분이 이런 상대방의 두려움에 공감해주고 그것을 해소할 수 있는 안전망을 만들어주면 일이 잘 풀릴 가능성이 큽니다. 항상 상대방이 두려워하고 있는 지점이 어디인지를 고민해보십시오. 바로 그 지점에서 문제해결의 실마리를 찾을 수 있을 것입니다.

저는 지금까지 설명한 욕구-두려움-상황 분석법을 회사업무와 개인의 삶 전반에 적극적으로 활용하고 있습니다. 이 방법의 강점은 다른 사람들의 마음을 최대한 손에 잡힐 듯이 들여다볼 수 있다는 점입니다. 아무리 논리력이 좋은 사람이라도 사람의 욕구를 정확히 파악하는 데는 약점이 있을 수 있으므로, 이러한 욕구분석법을 수시로 활용하여 종합적 사고력을 키워나가기를 바랍니다.

03

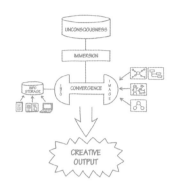

사람 욕구의
이중성을 고려하라

하위욕구(이익)의 충족이 우선

'군자(君子)가 아니면 일정한 수입(恒産) 없이는 일정한 마음(恒心)도 기대하기 어렵다.'

맹자의 말입니다. 사람은 기본적으로 하위욕구가 충족돼야 삶의 가치를 추구하거나 다른 것들에 반응한다는 뜻이지요. 이와 비슷한 개념을 가지고 있는 학설이 우리가 익히 알고 있는 '매슬로우의 욕구 5단계설'입니다. 이 학설을 간단히 정리하면 '사람은 우선 '생존'하고 싶고, 생존하고 나면 '안전'해지고 싶고, 안전해지면 '관계'를 맺고 싶고, 관계 속에서 '존경'받고 싶고, 최종적으로 '자아실현'을 하고 싶어 한다'는 것으로, 결국 사람은 '하위욕구가 충족돼야 그 다음 단계의 상위욕구를 충족하고픈 마음이 든다'라는 주장입니다.

저는 매슬로우의 학설이 '일반적으로는' 맞지만, 욕구가 순차적으로 일어난다는 점에는 동의하지 않습니다. 실제 학자들 간에도 '단계적 욕구충족'이라는 학설에 대한 이견이 있기도 합니다. 다만 여러분이 '이해관계가 없는' 상대를 대상으로 일을 추진할 때는 일단 '사람은 이익에 반응한다'라는 관점으로 접근할 필요가 있습니다. 즉, 상대의 반응을 끌어내리려면 비용을 아낄 수 있다든지, 시간을 줄일 수 있다든지 하는 하위욕구를 충족시켜주는 방향을 우선 고려해야 한다는 의미입니다.

딱 잘라 판단할 수 없는 욕구의 이중성

물론 사람이 항상 하위욕구로만 반응하지는 않습니다. 실제로 제가 오랜 기간 인사 일을 해온 경험과 고전 및 최근 맥그리거 등의 학자들이 주장하는 내용을 종합해보면 사람에 대한 관점은 다음과 같이 2가지 유형으로 나눠볼 수 있습니다.

X형 인간, 성악설
인간은 게으르고 수동적이며 이익과 욕심을 추구한다.

Y형 인간, 성선설
인간은 능동적이고 가치를 추구하며 양심적이다.

여러분의 생각은 어떻습니까? 저는 양쪽 모두 '부분적으로 맞다'라고 생각합니다. 사람은 가치를 추구하는 면도 있지만, 한편으로는 이익과 생존을 추구하는 본능도 함께 가지고 있기 때문이지요.

여러분이 생각정리를 하거나 일의 방향을 정할 때도 '사람은 양면성을 가지고 있다'라는 사실을 고려해야 합니다. 앞서 이야기했듯이 일단은 상대방의 이익 충족을 우선시해야겠지만, 이와 동시에 가치를 충족시켜 줄 방법도 고민해야 한다는 것이지요.

일부 경영진들이 이런 점을 간과하고 사람을 '이익' 중심으로 움직이는 합리적인 존재로만 인식함으로써 곤란을 겪기도 합니다. 이들은 성과에 따른 보상만 충분히 해준다면 직원들이 불만 없이 따를 것이라고 믿습니다. 그래서 직원 개인의 자아실현 등은 중요치 않게 생각하거나 때로는 감정이 상하는 방식으로 일을 지시하기도 합니다. 이러면 결국 직원들도 '그딴 식으로 일을 시킬 거면 돈이나 더 주든지…'라고 생각하거나, 자신의 비전이나 자아실현을 위해 회사를 떠날 가능성이 큽니다.

특히 여기서 '감정'이라는 측면은 가치충족만큼이나 중요한 의미가 있습니다. 이익이나 가치는 당장 완벽히 충족시키지 못하더라도 추후에 보완이 가능한 반면, 감정은 한 번 깨지면 복구가 어려운 경우가 많기 때문이지요. 따라서 여러분이 선택과 판단을 위해 생각정리를 할 때도 항상 상대방의 '감정'이라는 부분까지 고려할 필요가 있습니다. 예를 들어 같은 이익을 제공하더라고 '어떻게 하면 상대방이 더 기분 좋게 받아들일 수 있을까'를 고민해야 합니다.

덕후, 욕구 5단계설을 역행하는 사람들

앞서 이야기한 매슬로우의 학설과는 정반대로 하위욕구가 충족되지 않았는데도 바로 자아실현 욕구가 충족되는 유형이 있습니다. 소위 '덕후'라고 불리는 사람들이지요. 덕후는 일본의 오타쿠문화가 우리나라로 건너오면서 변용된 용어로, '진짜 좋아하는 것을 아무 조건 없이 추구하는 사람들'을 의미합니다. 이들은 자신이 원하는 일이라면 이익이나 조건을 크게 따지지 않고 뛰어듭니다.

저는 앞으로는 이런 덕후 성향의 사람들이 조직의 핵심인재로 부각될 가능성이 크다고 생각합니다. 4차 산업혁명이 발달하여 사람이 직접 하는 일이 줄어들수록 남들 따라 대학에 가거나 취업하는 사람들보다는 자신이 미칠 만큼 좋아하는 일을 선택해서 그 분야에서만큼은 최고의 열정과 정보, 경험을 가진 인재들이 조직의 생존과 성장에 도움이 될 가능성이 크기 때문입니다. 그래서 저는 스타트업 대표들에게 강의할 때마다 '여러분은 아직 보상 여력이 충분치 않으므로 가급적 덕후 기질을 가진 인재를 뽑는 것이 사업 성공에 도움이 된다'라고 이야기합니다. 그러면 다들 크게 웃으며 공감하곤 합니다.

한편, 앞서 여러분이 생각정리를 할 때는 상대방의 하위욕구 충족을 우선 고려해야 한다고 했는데, 만일 덕후 성향을 가진 사람을 상대해야 한다면 반대로 그 사람의 가치 충족을 우선시해야 합니다.

인문학을 통한 인간 욕구의 이해

지금까지 살펴봤듯이 '사람의 욕구'는 딱 부러지게 정의하거나 설명하기가 매우 어렵습니다. 그럼에도 불구하고 우리가 생각정리를 통해 무언가를 성취하려면 상대방의 욕구를 명확히 파악하는 힘을 길러야 합니다. 특히 자기중심적으로 '사람은 모두 가치에 반응한다'라고 생각하거나, 반대로 '사람은 무조건 이익에 반응한다'라고 생각하는 편견을 경계해야 합니다.

대부분의 일은 사람과의 협업을 통해서 이루어집니다. 따라서 함께 일하는 사람이나 고객의 욕구나 동기 등에 대한 체계적인 지식을 갖추면 생각정리뿐만 아니라 일의 성공 가능성도 크게 높일 수 있습니다. 이를 위해 평소에 철학, 역사, 심리학 등의 인문학공부를 통해 인간의 본성, 욕구, 행동패턴 등에 대한 지식과 정보를 많이 쌓아놓으면 생각정리와 판단에 큰 도움이 됩니다.

예를 들어 인간 본성의 양면성에 대해 공부한다면, 인간의 본성은 선하다는 측면을 강조한 《맹자》를 읽은 후에, 인간 본연의 욕망을 자세히 설명한 《한비자》, 《군주론》, 《성학집요》 등을 교차해서 읽어보는 것입니다. 그리고 그러한 인간의 2가지 본성이 극단적인 행동패턴으로 드러난 역사적인 사건들을 찾아보고, 최근의 심리학, 사회학, 경영학에서 인간 본성을 연구한 사례들이 있는지도 살펴봅니다. 이런 식으로 종합적·입체적으로 인문학을 공부하면 인간 욕구와 그에 따른 행동패턴을 보다 체계적으로 이해할 수 있습니다.

4장

냉철한 판단과 역지사지로
생각의 균형 잡기

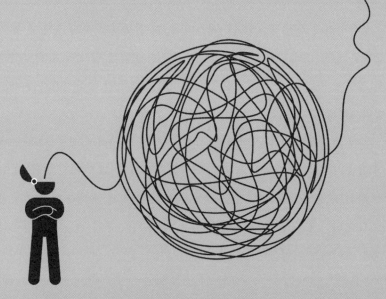

01

눈앞의 상황(현실)을 냉정하게 인식하라

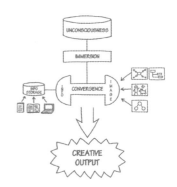

생각정리의 가장 중요한 1단계

'당신은 현재 당신이 처한 상황을 있는 그대로 인정하고 있습니까?'

생각정리의 가장 중요한 1단계가 바로 이 질문처럼 '현재 눈앞에 놓인 상황을 있는 그대로 인정하기'입니다. '나는 남들과 달라'라고 생각하면서 자신이 처한 상황을 객관적으로 인정하지 못하면 생각정리가 올바른 방향으로 진행될 수 없기 때문이지요.

예전 베스트셀러 중 스펜서 존슨의 《누가 내 치즈를 옮겼을까》라는 책이 있습니다. 이 책에서는 급변하는 세상을 미로로, 그 안에서 얻을 수 있는 성취를 치즈로 묘사하고, 그 안에서 각각 한 쌍의 생쥐와 사람이 상황에 대처하는 모습을 그리고 있습니다. 책 속 주인공인 쥐들과 사람들의 기본 캐릭터는 이렇습니다.

- **생쥐 그룹**(스니프와 스커리) : 분석력이 뛰어나지는 않지만 상황을 있는 그대로 인정하고 상황에 따라 바로 행동하는 유형
- **사람 그룹**(헴과 허) : 상황을 있는 그대로 인정하지 못하고 자기중심적으로 해석하는 유형

생쥐 그룹과 사람 그룹은 각자의 치즈창고에서 치즈를 먹으며 평온한 생활을 즐기다 어느 날 치즈가 바닥이 났음을 알게 됩니다. 스니프와 스커리(생쥐)는 그 상황을 인정하고 또 다른 치즈창고를 찾기 위해 미련 없이 미로 속으로 뛰어듭니다. 반면에 헴과 허(사람)는 누군가 자신들의 치즈를 가져가버렸다고 불평하면서 어떤 결정도 내리지 못하고 그곳에 머물러 버립니다. 새로운 치즈창고를 먼저 발견해내는 쪽은 당연히 스니프와 스커리였지요. 재미있는 것은 스니프와 스커리는 치즈창고에 치즈가 가득 쌓여있었을 때도 운동화 끈을 엮어서 운동화를 목에 둘러매고 있었다는 사실입니다. 어떤 상황에서든 정신줄을 놓치지 않겠다는 자세를 가지고 있었던 것이지요.

위의 이야기는 상황을 냉정하게 인정하는 경우와 그렇지 못하는 경우의 차이를 극명하게 보여주고 있습니다. 우리가 생각정리를 할 때도 눈앞의 상황(현실)을 냉정하게 인정하지 못하면 헴과 허처럼 이러지도 저러지도 못하는 답답한 상황에 빠지게 됩니다.

상황을 객관적으로 본다는 것

간혹 스타트업 대표들을 대상으로 강의를 할 때가 있는데, 강의 틈틈이 이런저런 이야기를 나누다보면 그들 역시 상황을 인정하지 못하고 근거 없는 자신감을 가지고 있는 경우가 많습니다. 예를 들어 어느 강의에서 한 스타트업 대표가 자신이 하고 있는 사업의 가치와 제품의 차별성이 뛰어나다고 열변을 토한 적이 있습니다. 그런데 제가 들어보니 고객 입장에서 이런저런 불편함이 있을 것 같아서 그 부분은 고민해봤냐고 물었더니 이렇게 대답하더군요.

"여러 가지 SNS 광고를 통해서 제품의 차별성을 충분히 부각시켰기 때문에 고객들이 약간의 불편함은 감안해줄 겁니다."

그 말을 듣고 저는 이렇게 물었습니다.

"대표님은 SNS나 포털에 올라오는 다른 회사의 제품광고를 자세히 보십니까, 대충 보십니까?"

그러자 "뭐, 대충 보기는 하는데…"라고 말끝을 흐렸습니다. 물론 그 대표의 의욕을 꺾을 의도는 없었지만, 아직 회사나 제품에 대한 인지도도 확보하지 못한 상태에서 고객과 시장에 대한 상황을 너무 긍정적으로만 판단하는 모습이 안타까워서 그런 대화를 나눴던 것입니다.

여러분은 어떻습니까? 현재 여러분의 머릿속을 복잡하게 만들고 있는 상황을 냉정하게 인식하고 있습니까? 아니면 '상대방은 틀렸고 나는 옳다' 내지는 '같은 상황에서 모두가 실패했지만 나는 다르다'라는 식으로 상황을 외면하고 있습니까? 앞서 타이거 우즈의 코치인 스티브 윌리엄스가 한 말을 기억하나요?

'올바른 스윙을 하려면 직접적인 주위 상황이 제공하는 확실하고 정확한 정보를 뇌에 제공해주는 습관을 개발해야 한다.'

여기서의 '직접적인 주위 상황이 제공하는'의 의미가 바로 상황을 있는 그대로 인정하라는 개념을 내포하고 있습니다. 상황을 있는 그대로 인정하지 않으면 확실하고 정확한 정보를 얻는 것도, 그를 통해 명쾌하게 생각을 정리하는 일도 불가능하기 때문이지요.

때로는 독자적으로 상황을 객관적으로 판단하기가 어려울 수도 있습니다. 그럴 때는 외부에서의 피드백, 특히 전문가의 의견을 적극적으로 구해서 경청하고 이를 객관적인 상황인식에 반영할 필요가 있습니다. 이런 피드백이 있고 없고의 차이를 극명하게 보여주는 역사적인 사례가 바로 당나라 태종입니다. 그는 위징 등 현명한 신하가 있었을 때는 그들의 피드백을 경청하여 정관의 치를 이루었지만, 그런 부하들이 모두 죽은 뒤에는 상황을 냉정히 직시하지 못해 고구려 정벌이라는 무리수를 두다가 불행한 말년을 보내야 했습니다.

'지금' 통제할 수 있는 상황에 집중하기

우리 눈앞에 놓인 상황은 다음과 같이 크게 2가지 유형으로 구분됩니다.

내가 통제할 수 있는 상황 VS. 내가 통제할 수 없는 상황

여러분의 눈앞에 놓인 상황을 이렇게 두 유형으로 분류하는 것은 매우 중요한 의미가 있습니다. 자칫 이것을 구분하지 못하고 '내가 통제할 수 없는 상황'을 어떻게든 바꿔 보려다 헛심만 쓰고 어떤 결과도 얻지 못할 수 있기 때문입니다. 더구나 그러다 보면 '내가 통제할 수 있는 상황'까지도 놓쳐버리는 결과를 초래할 수 있습니다. 저는 가끔 강의를 하면서 수강자들에게 이런 질문을 합니다.

"여러분이 배우자나 애인, 자식의 성격을 쉽게 바꿀 수 있을까요?"

당연히 대부분 '아니요'라고 답합니다. 자기 성격도 쉽게 못 바꾸는데 다른 사람의 성격을 쉽게 바꿀 수는 없는 일이니까요. 또 업력이 오래된 조직에 가서는 이렇게 묻기도 합니다.

"오래된 업무 프로세스에 문제가 있다고 해서 쉽게 바꿀 수 있을까요?"

대부분 '경험상 잘 바뀌지 않는다'라고 대답합니다. 이런 사례들처럼 우리 앞에 놓인 상황이나 현실은 쉽게 바뀌지 않습니다. 그렇다면 결국 '내가 통제할 수 있는 상황'과 '내가 통제할 수 없는 상황'을 구분해서 대처할 수밖에 없습니다. 이런 방식을 '비통제-통제 사고패턴'이라고 합니다. 이를 이용해 매순간 내가 지금 할 수 있는 것과 인정하고 받아들일 것을 명확히 구분하고, '계란으로 바위치기'로 낭비될 뻔한 시간과 에너지를 지금 할 수 있는 일에 집중해서 일의 성공가능성을 높여야 합니다.

한 번은 게임회사의 운영전문가들을 위한 워크숍에서 위와 같은 비통제-통제 사고패턴에 대한 실습을 진행한 적이 있습니다. 사고패턴을 배우기 전과 후에 생각정리가 어떻게 달라지는지를 관찰했는데, 먼저 배우기 전에는 이것도 문제, 저것도 문제라는 식으로 자신들이 생각하는 어려운 상황들을 줄줄이 나열하기만 했습니다.

그런데 비통제-통제 사고패턴을 학습하고 나서는 아래 그림과 같이 상황을 '비통제'와 '통제' 영역으로 나누고 당장 실행할 수 있는 사안들을 구체적으로 도출할 수 있게 됐습니다.

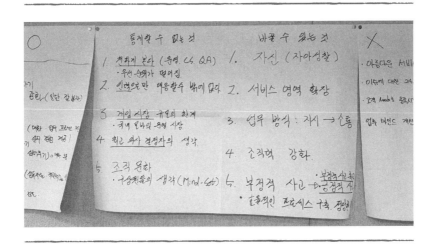

여러분도 지금 당장 이 사고패턴을 활용할 수 있습니다. 현재 여러분을 힘들게 하는 상황을 다음 쪽 표와 같이 2가지 유형으로 구분해봅니다. 지금 이 순간 내가 바꾸기 어려운 상황들은 '비통제' 영역에, 지금 이 순간 내가 노력하면 바꿀 수 있는 상황들은 '통제' 영역에 적어 보는 것입니다.

구분	비통제	통제
내용		
전략	상황을 적극적으로 인정한다.	집중적으로 실행한다.

다만 위와 같이 기록할 때는 가급적 '남의 일처럼' 냉정하게 상황을 구분해야 합니다. 마음이 불안하거나 조급할 때는 통제할 수 있는 상황도 비통제로 적거나, 반대로 열정과 자신감이 넘칠 때는 통제할 수 없는 상황도 통제할 수 있다고 기록할 우려가 있기 때문입니다.

매순간 여러분이 상황에 대한 혼란을 느낄 때마다 이렇게 적어보고, 비통제 상황은 있는 그대로 인정하고(내려놓고) 통제할 수 있는 상황에 시간과 에너지를 집중한다면 명확한 생각정리가 가능해지고, 그만큼 추진하는 일의 성공가능성을 크게 높일 수 있습니다.

상황인정을 통한 내 삶의 판세분석

이런 비통제-통제 사고패턴은 생각정리뿐만 아니라 우리 삶의 다양한 영역에서 활용할 수 있습니다. 가장 크게는 다음 질문에 대한 답을 찾는 데 도움이 됩니다.

'지금 이 순간 내가 서 있는 판은 어디인가?'

예를 들어 현재 내가 공직에 있다면 공직이라는 판이 어떤 곳인지, 내가 고부갈등의 중심에 있는 아들이자 남편이라면 고부갈등이라는 판이 어떤 성향을 가지고 있는지를 냉정하게 관찰해야 합니다. 그래야만 내가 그 판에서 할 수 있는 일과 인정해야 할 일을 구분해서 성공이나 갈등해결의 실마리를 찾을 수 있습니다.

더 넓게 봐서는 내가 미래에 어떤 판에 설 것인가를 결정할 때도 이런 사고패턴이 필요합니다. 4차 산업혁명이 발전할수록 사람이 할 수 있는 일은 대부분 로봇이 수행하게 될 것입니다. 이런 판을 인식하지 못하고 과거의 지식과 역량만을 고집하면 지금 서있는 판 자체가 사라지는 상황에 처할 수 있습니다. 예전에 스티븐 코비 박사가 강의를 하면서 평생 열심히 일한 나무꾼들이 한 번에 해직된 이유를 설명한 적이 있었습니다. 답은 간단했습니다. '전기톱이 나와서'였지요. 아마도 나무꾼들이 기술의 발전이라는 판을 읽었다면 도끼질을 잘하는 것 이외에 다른 준비들을 했었을 것입니다.

변화라는 거대한 흐름을 개인의 힘으로 막아낼 수는 없습니다. 그 변화가 기술의 발전이든, 연애나 결혼 트렌드이든, 업무방식이든 그 변화의 판을 인정하는 것에서 생존과 성장의 실마리를 찾을 수 있습니다. 중국 사서(四書)의 하나인《대학》에서는 '먼저 할 것과 나중에 할 것을 알면 도(道)에 가깝다'라고 설명합니다. 통제가 어려운 판은 인정하고, 통제할 수 있는 판에서 최선의 노력을 집중하는 것이 가장 현명한 행동입니다.

상황인정은 갈등관리의 핵심요건

냉정한 상황인정은 대인관계에서도 활용이 가능합니다. 우리는 보통 스스로의 신념, 가치관 등을 기준으로 상대방의 행동에 대한 옳고 그름을 판단하는 경향이 있습니다. 그러면서 머릿속으로 상대방을 '내 편 또는 네 편' 내지는 '좋은 사람 또는 나쁜 사람'으로 생각하고, 이것이 그 사람과의 관계에까지 영향을 미치게 됩니다.

물론 상대방을 어떻게 생각하느냐는 내 마음이고, 나쁜 사람이라고 판단한 사람과의 관계가 크게 중요하지 않다면 안 만나면 그만입니다. 하지만 중요성의 크고 작음에 관계없이 개인적·사회적 관계를 이어가야 하는 사람이라면 문제가 달라집니다. 그럴 때는 굳이 나와 맞지 않는 사람의 생각이나 행동 때문에 불편함을 느낄 필요 없이 이렇게 생각해보면 도움이 됩니다.

'상황인정! 사람이 그럴 수도 있지!'

앞서 설명했듯이 사람은 때로는 욕심중심으로 행동하기도 하고, 때로는 가치중심으로 행동하기도 합니다. 또 가치중심적 행동을 하던 사람이 어느 순간 욕심을 드러내기도 하지요. 이런 사실을 '인정'한다면 누구를 대하든 갈등을 일으키지 않고 관계를 풀어갈 수 있습니다.

언젠가 제가 참석했던 갈등관리 워크숍에서 강사가 화이트보드에 이런 질문을 적어놓고 빈칸에 들어갈 용어를 맞춰보라고 한 적이 있습니다.

'갈등관리를 위해서는 (   )의 확장이 중요하다.'

제가 별 생각 없이 손을 들고 "인식의 확장 아닌가요?"라고 했더니 오랜만에 정답을 맞춘 사람이 나왔다며 선물을 주더군요. 대인관계에 있어서의 상황인정이란 바로 이 '인식의 확장'을 의미합니다. 사람의 욕심이나 성향, 가치관 등에 대한 인식이 확장되지 않으면 자신만의 좁은 시야로 상대방을 재단하게 되기 때문이지요.

여러분도 알다시피 우리의 생각을 복잡하게 하는 요인 중에 '사람'이 빠지는 경우는 드뭅니다. 따라서 사람과의 관계에서 '상황인정', 즉 '인식의 확장'은 여러분의 생각정리를 위해서도 매우 중요한 요건이 됩니다.

상황인정을 위한 4단계 훈련법

지금까지 이야기했듯이 냉정한 상황인정은 생각정리뿐만 아니라 창조적 대안 산출과 문제해결을 위한 필요조건이기도 합니다. 하지만 안타깝게도 우리 머릿속에 있는 여러 가지 감정들과 고정관념 등이 상황인정을 방해할 때가 많습니다. 이럴 때 비교적 수월하게 상황인정을 가능하게 해주는 간단한 방법을 소개하겠습니다. 앞서 설명한 '지금! 몰입법'을 응용한 방법인데, 실행방법은 다음과 같습니다.

① 특정 물체(또는 광경)에 시선(눈동자)을 고정하고 '지금!'이라고 소리 내어 선언하면서 집중합니다.
② ①의 상태에서 '이 상황(일, 관계 등)은 지금 이 순간 내가 통제할 수 있는 것인가, 없는 것인가?'라고 스스로에게 묻습니다.
③ ②의 질문에 대한 답을 고민해보고 '지금 이 순간 내가 통제할 수 없는 상황'이라고 판단된다면 바로 흔쾌한 표정을 지으면서 '상황인정! 오케이!'라고 선언합니다.
④ ③의 단계에서 멈추지 말고 '자, 그럼 지금 이 순간 내가 할 수 있는 것은 무엇인가?'를 생각합니다.

이 4단계의 훈련이 익숙해지면 앞서 《누가 내 치즈를 옮겼을까》의 햄과 허처럼 상황을 냉정하게 인정하지 못해서 이러지도 저러지도 못하면서 짜증과 과거에 대한 미련으로 에너지를 낭비하는 시간을 크게 줄일 수 있습니다. 책 속에서 나중에야 상황을 인정하고 미로 속으로 뛰어든 허는 미로의 벽에 이런 글을 적습니다.

'사라져버린 치즈에 대한 미련을 빨리 버릴수록 새 치즈를 빨리 찾을 수 있다.'

이런 마음상태가 되지 않고는 생각정리나 창의적인 사고는 불가능한 미션이 됩니다. 상황(현실)을 냉정하게 인식할수록 우리는 답에 더 가까이 다가갈 수 있습니다.

02

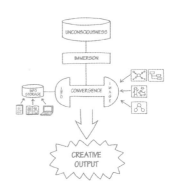

제3의 가능성을 찾아주는
3분법 사고패턴

생각정리를 방해하는 2분법 사고패턴

'당신은 선과 악의 경계를 명확히 구분할 수 있습니까?'

성선설과 성악설을 비롯하여 선과 악을 기준으로 인간의 본성을 정의하는 많은 학설들이 있습니다. 여러분은 어떻습니까? 마음속으로 다른 사람의 행동을 평가하는 선과 악의 경계를 가지고 있나요?

1960년대에 인기가수였던 윤복희 씨가 미국 공연을 마치고 귀국할 때 미니스커트를 입고 비행기 트랩을 내려왔다고 해서 당시에 큰 화제가 된 적이 있습니다. 물론 추후 윤복희 씨 자신이 그런 사실이 없었다고 해서 오보로 밝혀졌지만, 당시 그 기사로 인해 한 쪽에서는 미니스커트 열풍이 불고 다른 한 쪽에서는 이것을 풍기문란으로 규정하고 경찰들이 자를 들고 다니면서 치마길이를 단속하는 해프닝이 벌어졌습니다. 그

후 1970년대 통기타문화가 불었을 때는 장발과 미니스커트를 더욱 대대적으로 단속하기도 했습니다. 비록 1980년대에 들어 이런 단속문화가 사라졌지만 가부장적 문화에서 비롯된 '남성의 장발과 여성의 지나친 노출은 미풍양속을 해치는 악한 행동이다'라는 식의 고정관념이 이런 진풍경을 오래도록 유지하게 만든 것입니다. 오늘을 살고 있는 젊은이들에게 이 이야기를 들려주면 이런 말을 하면서 헛웃음을 짓지 않을까요?

'어이가 없네.'

지금 우리의 기준으로는 미니스커트이든 탱크톱이든 무엇을 어떻게 입고는 개인의 개성을 표현하는 방식일 뿐 선악을 따질 영역은 아니기 때문이지요.

위의 사례처럼 모든 것을 '선 아니면 악', '적 아니면 동지' 하는 식으로 구분하는 사고를 '2분법 사고'라고 합니다. 이와 관련하여 남가주대학(USC)의 총장인 스티븐 샘플은 《창조적인 괴짜들의 리더십》이라는 책에서 이렇게 이야기합니다.

'사람들의 판단은 이분법적이고 즉흥적이어서 사물을 대하면 바로 좋고, 나쁘고, 동지냐, 적이냐를 구분해버리는데, 유능한 리더라면 어떤 경우든 존재하는 '회색의 그늘(shades of gray)'을 볼 줄 알아야 한다.'

· 위의 사례에서 '미니스커트를 입는 것은 개성을 표현하는 방식일 뿐이다'라고 생각하는 것이 바로 이 '회색의 그늘'에 해당합니다. 샘플 총장은 위의 말에 덧붙여 2분법 사고가 '견해를 미리 형성해 다른 의견에 마음을 닫게 하고, 입장을 자주 뒤집게 만들며, 남들이 믿는 것을 생각 없이 따르게 한다'라고 이야기합니다. 즉, 이미 우리의 머릿속에서 굳어버린 신념이 생각정리와 선택의 가장 큰 방해물이 된다는 것이지요. 따라서

우리가 생각정리를 할 때는 2분법 사고를 넘어 '회색의 그늘'과 같은 제3의 영역을 찾아내는 3분법 사고를 할 필요가 있습니다.

3분법 사고패턴을 습관화하는 방법

선과 악을 기준으로, 위에서 말한 2분법 사고와 3분법 사고의 차이를 그림으로 나타내면 다음과 같습니다.

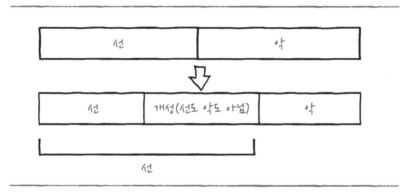

위와 같이 자신의 이익을 위해서 다른 사람에게 피해를 끼치는 절대악을 제외한 나머지를 선의 측면에서 판단하는 3분법 사고를 하게 되면 생각정리를 하는 데 있어서 상황을 바라보는 시야와 선택의 폭이 넓어집니다. 반면에 모든 것을 선과 악으로 판단하는 과거지향의 2분법 사고로는 현재 눈앞에 보이지 않는 '제3의 가능성'을 발견하기 어렵습니다. 실제로 획기적인 아이디어나 창조적인 제품·문화 등이 3분법 사고를 통해

나오는 경우가 많습니다.

3분법 사고를 하고 싶다면 우선 자신이 가지고 있는 관념 중에서 '악' 이라고 판단했던 영역을 잘 살펴볼 필요가 있습니다. 그리고 그것이 만일 다른 사람에게 피해를 주지 않는 생각이나 행동이라면, 자연스럽게 형성된 생각이 아니라 나도 모르게 형성된 슈퍼에고(Super ego)가 아닌지 확인해보아야 합니다. 슈퍼에고는 쉽게 말해 '스스로는 올바른 생각이라고 착각하고 있지만 실제로는 학습된 양심(신념)에 의한 편견' 정도로 이해하면 됩니다. 대표적인 사례로는 중동지방에서 오랫동안 자행돼 온 '명예살인(순결이나 정조를 잃은 여성을 집안의 명예를 더럽혔다는 이유로 죽이는 것)'을 들 수 있습니다. 명예살인을 저지르는 사람은 스스로 올바른 행동을 한다고 착각하지만 인류보편적인 관점에서는 남에게 피해를 주는 악한 행동에 해당하는 것입니다.

저도 게임회사로 이직할 때 2분법 사고로 인한 편견 때문에 많은 고민을 했습니다. 당시 게임중독으로 인한 폐해가 사회적으로 많은 이슈를 일으키고 있었기 때문이었지요. 하지만 게임회사에서 일하면서 게임이 단순히 즐거움을 주는 순기능과 중독을 일으키는 역기능만 있는 것이 아니라, e-스포츠로서 하나의 문화장르를 형성하고 학습에도 다양하게 활용되는 등의 또 다른 가치(제3의 영역)들을 계속해서 만들어낸다는 사실을 깨닫게 됐습니다.

3분법 사고를 통해 상황을 폭넓은 관점에서 바라보고 싶다면 수시로 스스로에게 이런 질문을 해봐야 합니다.

'내가 악이라고 생각하던 영역 중에 남에게 피해를 주지 않는 영역은

무엇일까?'

'나에게는 도움이 되지만 남에게 피해를 주는 영역은 무엇일까?'

이 두 질문 중에서 여러분이 생각의 폭을 빠르게 넓히고 싶다면 우선 '남에게 피해를 주는 영역'이 어디까지인지를 파악해보는 것이 좋습니다. 그 영역을 제외한 영역 안에서라면 여러분이 어떤 방향으로 생각의 폭을 넓혀나가든 큰 문제가 되지 않기 때문입니다. 이렇게 노력해 보면 생각정리의 최종 목적인 창의적 대안 산출의 가능성도 커지게 됩니다.

03

매순간 주고받음의
균형점을 찾아라

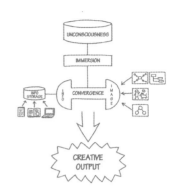

인생은 주고받음의 미학

사람과 사람 사이의 관계에서 철칙처럼 통용되는 말이 있습니다.

'기브 앤 테이크(Give and Take)', 즉 가는 것이 있으면 오는 것이 있어야 관계가 이어진다는 의미지요. 물론 모든 관계가 이 원칙에 의해 이루어지지는 않겠지만, 현실적으로는 사회적 관계뿐만 아니라 개인적 관계에 있어서도 이 원칙이 적용되는 경우가 많습니다.

제가 멘토로 활동하고 있는 홍익학당에서 한 번은 한 회원에게서 이런 고민을 듣게 됐습니다.

"아버지와 좋은 부자관계를 만들고 싶은데, 아버지가 워낙 고집이 세신 데다 같은 말도 강하고 세게 표현하는 성향이시라서 얼굴 마주하기조차 싫을 때가 많습니다."

이 말을 듣고 저는 이런 조언을 했습니다.

"혹시 부친께서 오랜 세월 가족을 위해 희생한 부분을 인정받지 못한다는 불편한 마음이 있어서 그러시지 않을까요? 한 번쯤 부친과 서로 주고받은 것이 무엇인지 따져보는 것이 부친의 마음을 헤아리는 데 도움이 될 것 같습니다."

그리고 얼마 뒤 그 회원에게서 이런 답을 들었습니다.

"말씀 듣고 차분하게 생각해보니, 제가 아버지에게서 받은 것이 훨씬 많았다는 사실을 깨달았습니다. 이제 제가 아버지를 어떻게 대해야 할지 실마리를 찾은 것 같습니다."

물론 그의 대답이 손익을 따져 보상하겠다는 의미는 아닐 것입니다. 아무리 가족이라고 해도 서로 주고받는 가치가 어느 정도 균형을 이루지 못하면 감정이 상할 수 있다는 사실을 깨달은 것이지요.

위와 같이 가족 간의 주고받음의 문제라면 어느 정도는 시간이 해결해주는 경우도 많습니다. 하지만 사회적 관계에서는 주고받음의 균형이 깨지는 순간 관계 자체가 완전히 깨질 위험이 있습니다. 경영학의 대표적인 석학인 윤석철 교수는 그의 저서 《경영학의 진리체계》에서 '삶에 이르는 길은 고객을 찾아 주고받음의 관계를 형성하는 것이며, 개인이나 조직의 흥망은 주고받음의 관계형성에 성공했는지 실패했는지에 달려 있다'라고 이야기합니다.

사회학이론 중 공정성이론(Equity theory)은 관계에 있어서 주고받음의 균형이 얼마나 중요한지를 간접적으로 보여줍니다. 이 이론의 핵심내용은 이렇습니다.

'사람은 자신이 업무에 투입한 노력(기술, 지식, 노력)과 산출된 보상(임금, 승진, 인정, 지위)에 따라서 투입을 조절한다.'

쉽게 말해 자기가 회사를 위해 투입(give)한 노력의 양만큼 회사가 보상(take)해주지 않으면 태업을 하거나 더 큰 보상을 해줄 회사로 옮겨버린다는 것이지요. 더 크게 보면 '사람은 모두 관계에 있어서 주고받는 계산에 밝고 그 결과에 민감하게 반응한다'라고 해석할 수 있습니다. 따라서 이런 사실을 무시하고 '나하고 친하니까', '내가 어떻게 주든지 잘 모를 테니까' 등의 생각으로 주고받음의 균형을 쉽게 생각했다가는 관계 자체에 균열이 생길 가능성이 큽니다. 특히 여러분이 생각정리를 할 때는 '사람은 누구나 똑똑하고 계산이 분명하다'라고 생각하는 것이 바람직합니다. 여러분이 생각정리를 통해 도출한 결과물을 공유하거나 제안해야 하는 대상이 설사 가족이라 하더라도 주는 것과 받는 것의 계산을 명확히 하지 않으면 원하는 바를 이루기 힘들기 때문입니다.

최선의 균형점 찾기

우리가 다양한 관계 속에서 주고받음의 균형을 완벽하게 이루려면 이런 질문에 대한 답을 찾아야 합니다.

'이 일(사안)에서 서로에게 최적의 균형점은 어디인가?'

여기서 '최적'이란 '서로가 불만 없이 만족해 하는'의 의미를 가지고 있습니다. 이것은 모든 협상자리에서 협상 당사자들이 바라는 로망이기도 하지요. 인문학에서는 이러한 균형점을 최선(最善), 중용(中庸), 지선(至

善)으로 표현합니다. 하지만 복잡한 현실에서는 이런 균형점을 찾기가 매우 어렵습니다. 어떤 관계에서든 이익의 무게는 어느 한 쪽으로 기울기 마련이지요. 따라서 현실적으로는 그 순간에 할 수 있는 최선을 다하는 것이 중요합니다. 아래 질문은 최소한의 수준에서의 균형점을 찾는 데 도움이 됩니다.

'내가 주는 것에 대해 상대방이 뭐라고 하기 어려운 최소한의 수준은 무엇인가?'

이것은 자녀의 용돈수준을 결정하는 일부터 회사에서의 기획서 작성, 국가와 국가 간의 협상 등 주고받음이 이루어지는 모든 관계에 적용되는 질문입니다. 저의 경우 여러 가지 일을 하다 보니 가족에게서 '왜 우리에게는 시간을 쓰지 않느냐' 하는 불만을 많이 들었습니다. 그래서 저는 일주일의 비중을 5:2로 나눠서 5일은 온종일 일에 최선을 다하고, 나머지 2일은 가족에게만 집중하기 위해 노력했습니다. 사실 가족 입장에서는 최소한의 수준이지만, 이런 최소한의 균형을 지속적으로 유지하다 보니 아내가 어느 날 행복하다는 말을 해주더군요. 저는 매순간 이런 식으로 균형점을 찾기 위한 노력을 하다 보니 어느 날 이런 생각이 들었습니다.

'우리 인생이 결국 균형점 잡기 게임이구나!'

여러분 역시 살아가면서 이와 같은 균형점 잡기 게임을 끊임없이 해나가야 합니다. 이때 상대방의 이익을 더 많이 고려할 필요까지는 없겠지만, 내 욕심이 과도해져서 상대방이 만족할 수 있는 '최소한의 수준'을 지나치게 낮게 잡지 않도록 경계할 필요가 있습니다.

04

절대 안 된다는
그 생각을 공략하라

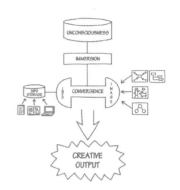

우리말 중에 '지레'라는 수식언이 있습니다. '어떤 일이 일어나기 전 또는 어떤 기회나 때가 무르익기 전에 미리'라는 뜻으로, '지레 겁을 먹다', '지레 걱정하다' 등의 표현에 쓰입니다. 우리가 생각정리를 할 때도 이 '지레'가 끼어들어 방해하는 경우가 많습니다. 지레 '이 건은(방식은, 사안은 등) 절대로 안 될 거야'라고 생각해서 실행을 포기해버리는 경우가 그렇습니다. 마음속으로 이미 '여기는 안 된다'라는 지점을 설정해놓는 것이지요. 이런 지점은 대부분 개인의 성격이나 경험에 의해 정해지는데, 결과적으로 어설픈 경험과 정보가 오히려 생각정리를 방해하는 셈이지요.

저 역시 주변에서 이런 생각을 하는 경우를 많이 보는데, 그럴 때마다 답답한 마음이 생기곤 합니다. 제3자 입장에서는 분명히 그 지점을 파보면 답이 나올 것 같아서 조언도 해주고 격려도 해가며 실행을 독려하는데, 정작 당사자는 '해봐도 안 된다'라는 스스로의 고정관념에서 벗어나지 못하기 때문이지요.

'절대 안 된다'를 '된다'로 바꾸는 역발상의 힘

위와 같은 고정관념과 사회적 통념은 생각정리뿐만 아니라 변화와 혁신에 있어서도 결정적인 장애물이 됩니다. 반대로 생각하면 그 장애물만 걷어내면 생각정리나 변화·혁신의 길이 열린다는 의미가 됩니다. 고대 그리스에 '고르디아스의 매듭'이라는 일화가 있습니다. 프리기아의 왕 고르디아스가 자신의 전차에 복잡한 매듭을 묶어놓고 이 매듭을 푸는 사람이 소아시아의 왕이 될 것이라고 예언한 데서 비롯된 일화입니다. 수많은 사람들이 매듭을 풀어보려 했지만 실패했습니다. 이때 알렉산더 대왕이 나타나 단칼에 그 매듭을 '끊어'버렸습니다. 모두가 매듭을 '풀어야' 한다는 고정관념에서 벗어나지 못하고 있을 때 그만이 그 고정관념을 걷어냈던 것이지요. 우리가 익히 알고 있는 '콜럼버스의 달걀'이 생각나는 일화이기도 합니다.

여러분이 생각정리를 할 때도 고르디아스의 매듭처럼 풀리지 않는 부분이 있습니다. 이럴 때 여러분이 집중적으로 공략해야 할 지점은 바로 이곳입니다.

'지금 이 순간 내가 절대 바꿀 수 없다고 생각하는 영역'

'역발상'을 시도해야 한다는 뜻입니다. 물론 지금까지 해보지 않았던 생각이나 행동을 시도하기가 쉽지는 않습니다. 또 시도하더라도 머릿속에서 계속 '그래봐야 안 된다니까. 시간낭비야, 포기해'라는 생각이 끼어들어 역발상을 방해할 수도 있습니다. 이처럼 단번에 역발상을 하기는 쉽지 않으므로 평소에 '안 하던 생각이나 행동을 해보는 훈련'을 해봐야 합니다.

예를 들어 '배려'가 습관이 돼서 대인관계에서 자신이 조금 손해 보는 상황을 감수해왔던 사람이 있다고 해보겠습니다. 그런데 이 사람이 어느 순간부터 사람들이 자신의 배려를 고마워하기는커녕 그런 점을 이용해서 더 많은 이익을 가져가려고 하는 것이 보이기 시작하면서 마음 한 편에 불편한 감정이 생겼습니다. 이로 인해 사람들을 미워하는 마음까지 생겼지만 쉽게 행동을 바꾸지는 못합니다. '내가 갑자기 다르게 행동하면 사람들이 나를 싫어할 거야'라는 생각이 행동의 변화를 잡고 있기 때문이지요.

꼭 이런 사례가 아니라도 다른 사람들에게 고정적으로 인식돼 있는 자신의 이미지 때문에 대인관계에서 변화를 시도하지 못하는 경우가 많습니다. 물론 나의 성격이나 성향은 다른 사람과 차별되는 나의 강점이기도 하므로 무조건 바꿀 필요는 없습니다. 다만 그것이 위의 사례처럼 불편함이나 지나친 손해로 돌아온다면 변화를 시도할 필요가 있겠지요. 이런 경우에도 앞에서 이야기한 균형점을 잡는 것이 중요합니다. 위의 사례라면 이렇게 생각해보는 식입니다.

'그래 대인관계에서 내가 손해를 감수하는 방식이 꼭 좋은 건 아니야. 나와 상대방이 모두 이익(Win-Win)이 되는 방법을 찾아서 논리적으로 설득해보자.'

자신의 강점은 살리되, 그 강점이 약점이 되지 않도록 관계의 균형을 맞추는 것이지요.

대인관계뿐만 아니라 여러분이 생각정리를 하거나, 기획이나 사업적 시도를 할 때도 마찬가지입니다. 자신의 성격이나 사회적 통념, 고정관념 등으로 인해 미리 '안 된다'라고 판단하고 있는 그 지점을 공략해야 획기적이고 창의적인 결과를 도출할 가능성이 커집니다. 사람들에게서 '황당한 몽상가'라고 비아냥거림을 받았던 일론 머스크가 역발상을 통해 '한 번 충전에 500km를 가는 전기 자동차'와 '재활용이 가능한 우주 로켓'을 만들어낸 것이 대표적인 사례입니다.

역발상을 습관화하는 간단한 방법

여러분이 역발상을 습관화하는 데 도움이 되는 간단한 방법을 하나 소개하겠습니다. 평소에 수첩 하나를 가지고 가볍게 산책을 즐기면서 다음 질문들에 대한 답을 스스로 찾아보는 것입니다.

〈지금까지의 나의 행동에 대한 질문〉
- 이상하게 특정 상황에서는 항상 내가 하는 일에 문제(또는 갈등)가 생기는데, 왜 꼭 그런 상황에서만 문제(또는 갈등)가 생기는 걸까?
- 이렇게 행동하면(또는 하지 않으면) 일이 안 돼서 어쩔 수 없다고 판단하는 상황이 있을까?
- 나는 왜 특정 상황에서는 힘을 바짝 주고 이것만은 놓을 수 없다고 생각하게 되는 걸까?
- 나는 왜 특정 상황만 되면 마음이 편하지도 않는데 그런 행동을 하게 되

는 걸까?

<역발상을 위한 질문>
- 혹시 같은 상황에서 정반대의 생각(또는 행동)을 할 수도 있지 않을까?
- 혹시 좀 더 균형을 잡을 수 있는 생각(또는 행동방식)을 찾을 수 있지 않을까?
- 같은 상황이 또 생겼을 때 내가 살짝 다르게 바꿔볼 수 있는 생각(또는 행동)은 뭐가 있을까?

이런 식으로 지금까지 내가 그 생각이나 행동을 '무의적으로 했거나, 하지 않았던 이유'와 '역발상의 필요성'을 찾아보면 앞으로 어떤 식으로 생각이나 행동을 바꿔볼 수 있는지에 대한 힌트를 얻을 수 있습니다. 그리고 그런 생각이나 행동을 하나씩 실행해봅니다. 이처럼 내가 가지고 있는 고정관념을 얼마나 잘 내려놓느냐가 생각정리의 관건이 되며, 나아가 인생을 바꾸는 계기가 될 수도 있습니다. 지금까지 안 하던 생각을 해보는 것, 이 작은 실천이 변화와 혁신의 첫걸음이 되는 것이지요.

05

유형자산과 무형자산의
가치를 함께 고려하라

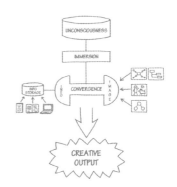

　회계를 공부하지 않은 사람이라도 '유형자산'과 '무형자산'의 의미를 대략적으로는 알고 있을 것입니다. 간단히 말해 '눈에 보이는 자산'과 '눈에 보이지 않는 자산'을 의미합니다. 기본적으로는 유형자산의 가치가 중요하지만, 간혹 대기업에서 유형자산의 규모가 작은 벤처기업을 높은 가격에 인수하는 사례도 있습니다. 독창적 기술이나 브랜드 등 무형자산에 대한 미래가치를 높게 평가했기 때문이지요.

　우리가 생각정리를 할 때도 유형자산과 무형자산의 개념을 적용해볼 수 있습니다. 예를 들어 여러분이 취업할 회사를 선택할 때도 연봉 등의 유형자산과 비전, 자아실현 등의 무형자산의 가치를 동시에 고려해야 합니다.

무형자산이 만들어내는 뜻밖의 리턴효과

한 번은 아끼던 후배가 5년 동안 가까운 지인을 도와 신규사업을 시도했다가 실패를 맛보고 나서 저에게 '지난 5년 간의 노력이 무의미하게 느껴진다'라는 이야기를 한 적이 있습니다. 당시 저는 그 후배에게 이런 조언을 했습니다.

"나는 네가 사업성공을 위해 최선을 다했고, 너와 함께했던 후배사원뿐만 아니라 고객들을 진심으로 대하려고 애썼다는 사실을 알고 있어. 그렇게 네가 경험하고 베푼 것들이 모두 너의 무형자산으로 온전히 남았기 때문에 네가 앞으로 어떤 일을 새로 추진하든 그 무형자산들이 분명히 큰 도움으로 돌아올 거야."

이런 저의 조언은 막연한 위로가 아니었습니다. 제가 오랫동안 다양한 회사에서 조직을 구축하고 사업을 성장시키는 일을 하는 과정에서 그런 무형자산들이 얼마나 큰 힘을 발휘하는지를 직접 체험했기 때문에 자신 있게 할 수 있었던 말이었지요. 그 무형자산은 든든한 동업자나 거래처가 되어 돌아올 수도 있고, 뜻밖의 투자자가 되어 돌아올 수도 있습니다.

스티븐 코비는 《성공하는 사람들의 7가지 습관》에서 사람에게는 저마다의 '감정은행계좌'가 있는데, 이 계좌를 채우려면 상대방에 대한 이해심, 사소한 일에 대한 관심, 약속의 이행, 바라는 기대의 명확화, 언행일치, 진지한 사과 등이 필요하다고 이야기합니다. 감정은행계좌에 이런 요소들을 많이 적립할수록 대인관계에서 구축하는 신뢰의 정도가 높아진다는 것으로, 위에서 말한 무형자산과 같은 개념으로 볼 수 있습니다.

선택의 판단시기를 넓혀서 생각하기

그럼에도 불구하고 우리의 욕심은 눈에 보이는 유형자산을 좋아합니다. 그러다 보니 단기적이고 좁은 시야로 상황을 판단하고 결국 나중에 크게 후회하게 될 선택을 하기도 합니다. 따라서 여러분이 중요한 선택에 대한 생각을 정리해야 할 때는 장기적 시각에서 유형자산과 무형자산의 가치를 모두 저울질해봐야 합니다. 특히 언젠가는 유형의 가치로 돌아올 무형자산의 가치를 어떻게 평가하느냐가 중요합니다. 만일 현재 시점에서 무형자산의 가치를 평가하기가 어렵다면 스스로에게 이런 질문을 던져봐야 합니다.

'이 선택을 3년 뒤에도 후회하지 않을 자신이 있는가?'

이처럼 선택의 결과를 판단하는 시기를 넓혀보면 단기적인 이익(유형자산)으로 좁아져있던 시각을 확장하여 안 보이던 요소(무형자산)까지 고려할 수 있게 됨으로써 장기적으로 올바른 선택을 할 가능성을 높일 수 있습니다.

06

지금 이 순간 최선을
다하는 힘을 길러라

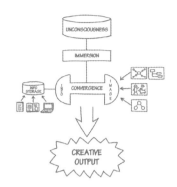

예전에 방영된 드라마 〈시크릿 가든〉에서 배우 현빈이 연기한 백화점 회장은 수시로 부하직원 등에게 이런 질문을 던졌습니다.

"이게 최선입니까?"

드라마를 보는 시청자 입장에서는 이런 대사를 하는 현빈이 멋져 보였을지 모르지만, 실제로 높은 사람에게서 이런 말을 듣는 당사자는 참 난감할 수밖에 없습니다. 이 말에는 '정말 마음에 안 드는데 더 좋은 방법이 없느냐'라는 뜻이 들어 있기 때문이지요. 우리는 항상 '최선을 다하겠다'라는 말을 달고 살지만, 위와 같은 질문을 받았을 때 정말 그것이 최선의 선택이었는지를 확신하지 못합니다.

다양한 의사결정모형들

이런 최선의 선택에 대한 판단을 도와주는 여러 가지 의사결정모형들이 있습니다. 그 중에서 대표적인 모형들을 간단히 살펴보겠습니다.

첫째, 모든 정보와 모든 대안을 검토해서 가장 합리적인 대안을 선택한다는 '합리모형'입니다. 하지만 사람에게 주어지는 정보, 시간, 사고력에는 한계가 있으므로 현실에서 이 모형을 사용하기는 불가능합니다. 미래에 인공지능이 획기적으로 발전하면 가능해질 수도 있겠지요.

둘째, 제한된 정보와 대안 속에서 의사결정자가 '적정하게' 만족하는 수준에서 의사결정을 한다는 '만족모형'입니다. 실제로 가장 많이 활용되는 모형으로써, '제한적 합리모형'이라고도 부릅니다.

셋째, 직관적 의사결정모형, 점증모형 등의 '비합리적 의사결정 모형'입니다. 먼저 직관적 의사결정모형은 이름 그대로 의식적인 논리적 과정을 거치지 않고 직관적으로 의사결정을 하는 모형을 말합니다. 여기서 직관은 이성이나 추론을 거치지 않고 사물을 인식하는 것을 의미합니다. 이 모형은 주로 시간적 압박이 있거나, 불확실성이나 변화가 심할 때, 정보가 많거나 부족할 때 등의 상황에서 활용됩니다.

또 하나의 비합리적 의사결정모형인 점증모형은 조직의 중요한 의사결정은 한 순간 단 한 번에 이루어지지 않으며, 일련의 작은 결정들의 연속적 조합으로 이루어진다는 개념을 가지고 있습니다.

의사결정모형의 장점을 융합한 '최선모형'

저는 위와 같은 의사결정모형들을 공부하면서 문제해결과 의사결정을 위해 어떤 의사결정모형이 가장 현실적으로 적합한지를 고민해봤습니다. 그러다가 인문학을 공부하면서 위에서 설명한 의사결정모형들의 장점들을 융합한 모형을 찾았습니다. 바로 제가 '최선모형'이라고 이름 붙인 의사결정모형입니다.

'최선(最善)'은 다른 말로 '중용(中庸)'이라고 표현할 수 있습니다. '지금 이 순간' 가장 올바른 균형점이자 올바른 선택을 추구한다는 의미입니다. 아리스토텔레스는《니코마코스 윤리학》에서 '중용'은 지나침으로 인해 발생하는 악덕(惡德)과 부족함으로 인해 발생하는 악덕(惡德) 사이에 있는 것으로, 덕(德)이란 그 중간의 것(중용)을 발견하여 합리적인 행위를 선택하는 품성상태라고 정의했습니다. 즉, 중용을 지금 이 순간 선택할 수 있는 '가장 합리적인 균형점'으로 본 것이지요.

앞서 살펴본 대로 완벽한 정보와 대안을 모두 검토해서 의사결정을 하기는 현실적으로 불가능합니다. 그렇다고 적당히 만족하는 수준에서 의사결정을 하면 적당히 만족할 만한 수준의 결과를 얻을 수밖에 없습니다. 따라서 우리는 지금 이 순간 모을 수 있는 최선의 정보를 토대로 적극적으로 대안을 모색해서 직관적으로나 합리적(분석적)으로 확신이 오는 최선의 선택(의사결정)을 해야 합니다. 이것이 바로 최선모형의 기본 개념입니다. 여기서 핵심은 '지금 이 순간 내가 할 수 있는 최선을 추구'하는 데 있습니다. 정보를 모으고 대안을 검토하는 등의 모든 순간에 '이게 최선입니까?'라는 질문을 스스로에게 던져보고 확신을 얻어야 한다는 것이지요.

과거와 미래를 끊어내는 순간력 키우기

이런 최선모형을 실행하는 데 있어서 최대의 방해물이 있습니다. 바로 '과거의 대한 아쉬움'과 '미래에 대한 걱정'입니다. 이로 인해 생각이 과거와 미래로 확장되면 '지금 이 순간에 최선을 다하는 힘'이 떨어질 수밖에 없습니다.

'내일을 걱정하지 마라. 내일은 그 나름대로 걱정하게 될 것이다.'(마태복음 6:34)

이런 성경구절처럼 과거는 이미 지나갔고, 미래에 어떤 걱정거리가 생길지는 아무도 알 수 없습니다. 우리는 그저 지금 이 순간 눈앞에 놓인 작은 문제부터 최선을 다해 해결할 뿐이지요. 이런 의미에서 최선모형에 의한 문제해결력을 '순간력(旬間力)'이라고 부를 수도 있겠습니다.

이황이나 이이 같은 선비들은 평생을 거경(居敬), 궁리(窮理), 역행(力行) 3가지를 공부하는 데 집중했다고 합니다. 그 각각의 의미는 이렇습니다.

- 거경 : 매순간 몰입하는 것
- 궁리 : 매순간 무엇이 올바른지를 검토하는 것
- 역행 : 올바른 것을 최선을 다해 실천하는 것

한마디로 평생 동안 매순간 최선을 다하는 훈련을 했다는 뜻입니다. 이렇게 매순간 최선을 다하는 것을 '성(誠, 정성)'이라고 합니다. 결국 '최선'과 '중용', '정성(誠)'은 같은 개념인 셈이지요.

'지금 이 순간 할 수 있는 최선을 다하고 있는가?'

생각정리를 할 때는 매순간 이 질문에 대해 여러분 스스로 '예'라는 답을 할 수 있어야 합니다.

07

선택장애(결정장애)에서 벗어나는 방법

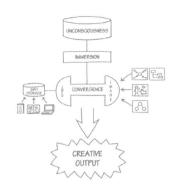

　요즘 젊은 사람들은 '나는 결정(선택)장애야'(이하 '선택장애'로 통일해서 표현함)라는 말을 유행어처럼 하곤 합니다. 영화를 보려고 할 때도, 물건을 사려고 할 때도, 점심메뉴를 고를 때도 어느 한 가지를 쉽게 선택하지 못하고 습관처럼 이 말을 내뱉습니다. 문화의 다양성과 복잡성으로 인해 무엇인가를 선택하기가 점점 어려워지고 있는 현실을 반영하는 현상이겠지요.

　종로에서 수공예 공방을 운영하는 제 누님에게서도 이런 선택장애를 가진 손님들에 대한 이야기를 자주 듣습니다. 공예품을 여러 개 골라 놓고 선택하지 못해 고통스러워 하다가 결국 구매를 포기하는 경우도 많다고 합니다. 심지어 4시간 가까이 여러 공방을 왔다 갔다 하다가 결국 물건을 사기는 하는데, 다음날 다시 와서 물건을 교환해가더니 그 다음날에는 결국 환불해가는 경우도 있다고 합니다.

선택장애를 일으키는 4가지 원인 제거하기

이런 선택장애를 가지고 있다면 생각정리는 애초에 불가능합니다. 따라서 이런 경우 선택장애를 초래하는 다음과 같은 원인들을 제거해나가야 합니다.

① 선택장애의 원인은 양손의 떡 때문이다

세상에 완벽한 선택은 존재하지 않습니다. 내가 하는 모든 선택에는 장점과 단점이 공존할 수밖에 없지요. 따라서 선택에 따른 하나의 장점을 취하려면 그에 따른 단점까지 감당할 마음을 가져야 합니다. 그렇지 않고 단점은 빼고 장점만 취하고 싶은 마음을 가졌을 때 결국 어떤 것도 선택하지 못하는 상황에 빠지게 됩니다. 양손의 든 떡 중에서 하나를 포기하고 그에 따른 책임을 지는 자세를 가져야만 선택장애를 극복할 수 있습니다.

② 우선 잡다한 생각부터 끊어내라

선택장애를 가진 사람들은 일단 시선부터 불안정합니다. 머릿속에 있는 잡념의 가짓수만큼이나 시선이 수도 없이 왔다 갔다 합니다. 이런 잡념은 대부분 앞서 이야기한 과거에 대한 후회와 미래에 대한 불안감에서 비롯됩니다. 이럴 때는 앞에서 배운 '상황인정을 위한 몰입방법'을 통해 과거와 미래를 과감히 끊어내고 '지금 이 순간'에 집중하는 훈련이 도움이 됩니다. 잡념이 생길 때마다 시선을 고정하고 '지금!'과 '상황인정 OK!'라고 선언함으로써 과거와 미래로 분산돼 있던 생각을 현재로 돌려놓아야 합니다.

③ 잔가지 생각들은 사정없이 후려쳐버려라

무언가를 고민할 때는 보통 '첫 생각이 정답'인 경우가 많습니다. 처음에는 '직관'을 사용해서 단순하게 생각하는 경우가 많기 때문입니다. 그러다 자잘한 생각들이 조금씩 끼어들고 점차 그 비중이 커지면서 선택과 판단을 할 수 없을 정도로 생각 덩어리가 복잡하게 꼬여버립니다.

이럴 때는 여러 생각의 장단점을 비교하여 장점의 비중이 높은 것을 과감하게 선택하고 나머지 자잘한 생각들은 과감하게 쳐내야 합니다. 머릿속으로 이런 작업을 하기 어렵다면 종이에 그리는 방법을 활용할 수도 있습니다. 여러 생각들이 가진 장점의 크기를 원으로 표현해보고 가장 크게 그려진 원(생각)을 선택하는 방식입니다. '이 생각을 버려도 괜찮을까?'라는 걱정을 내려놓고 잔가지 생각들을 과감히 쳐내야 선택이 가능해집니다.

④ 스스로 책임지겠다는 마음으로 선택하고 결과를 기록하라

앞서 이야기했듯이 선택장애가 있는 사람들은 점심메뉴를 고르는 등의 아주 작은 선택에서부터 어려움을 겪습니다. 이럴 때는 이런 마음을 가져야 합니다.

'작은 선택 하나 실패했다고 해서 우리 인생에 큰 문제가 생기지 않는다. 오히려 그로 인해 경험하고 배우는 것이 있다.'

과감하게 선택하십시오. 작은 선택들이 쌓이다 보면 큰 선택도 잘 할 수 있게 됩니다. 그리고 작은 선택들에 대한 결과를 반드시 기록해놓아야 합니다. 그 선택이 옳았든 잘못됐든 결과를 기록해놓으면 그 선택의 과정에서 내가 무엇을 놓쳤고 어떤 함정에 빠졌었는지를 확인할 수 있습니다. 이런 기록과 확인을 통해 다음 번 선택에 대한 질을 높일 수 있습니다.

지금까지 선택장애를 극복하는 몇 가지 방법을 살펴봤는데, 이런 방법들을 하나씩 실행하다 보면 자신에게 더 적합한 방법을 찾아낼 수 있습니다. 인생은 도전과 선택의 연속입니다. 내 인생의 주인공은 나 자신이라는 마음으로, 용기와 책임감을 갖고 과감히 선택하는 힘을 길러나가야 합니다.

5장

생각을 현실로
만들기 위한 조건들

01

무엇을 원하는지를
구체적으로 상상하라

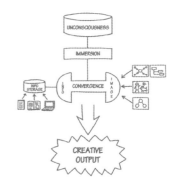

　여러분이 정보를 모으고 그 정보를 토대로 생각정리를 하는 최종적인 목적은 원하는 '결과물'을 얻기 위해서입니다. 그런데 원하는 결과물이 '구체적'이지 않으면 정보수집단계에서부터 혼선을 빚게 됩니다. 어떤 정보가 필요한지가 불분명하니 수집하는 정보의 양만 쓸데없이 많아집니다. 당연히 그런 정보들로는 생각정리도 어려워질 수밖에 없겠지요. 회사에도 '자료를 모아보면 어떻게 되겠지'라는 생각으로 계속 자료조사를 지시하는 상사가 있습니다. 그러고는 '내가 생각한 건 이런 자료가 아닌데' 하는 식으로 반응함으로써 부하직원들의 소중한 시간과 애써 수집한 자료를 쓸모없게 만들어버립니다. 이런 상사와 일을 하게 되면 말 못할 답답함을 느낄 수밖에 없겠지요.

원하는 결과물에 대한 아웃풋 이미지 만들기

여러분이 위와 같은 상황을 겪지 않으려면 머릿속에 '원하는 결과물에 대한 구체적인 아웃풋 이미지(Output Image)'가 그려져 있어야 합니다. 그래야만 정보를 방향성 있게 수집하고, 생각을 명쾌하게 정리해서 그 결과물을 현실화할 수 있습니다.

결과물에 대한 아웃풋 이미지를 구체적으로 그려놓고 그 결과물을 현실화한 대표적인 인물로는 세종을 꼽을 수 있습니다. 《세종실록》에는 다음과 같이 장영실의 자격루 발명에 대해 세종이 한 말이 기록돼 있습니다.

'(장영실이) 이제 자격궁루(자격루)를 만들었는데 <u>비록 나의 가르침을 받아서 하였지마는</u>, 만약 이 사람이 아니었다면 결코 만들어내지 못했을 것이다.'

여기서 '비록 나의 가르침을 받아서 하였지마는'이라는 표현이 결국 세종이 직접 자격루를 만들지는 않았지만 그의 머릿속에는 이미 그 결과물에 대한 이미지가 구체적으로 그려져 있음을 암시하고 있습니다. 집현전 학자들과 함께 훈민정음을 창제하고, 박연으로 하여금 궁중음악을 개혁하게 한 일 등이 모두 그의 머릿속에 결과물에 대한 구체적인 아웃풋 이미지가 없었다면 이루어지기 힘든 일이었다고 볼 수 있습니다.

그렇다면 결과물에 대한 구체적인 아웃풋 이미지는 어떻게 만들어야 할까요? 가장 좋은 방법은 제품이든 서비스상품이든, 기획안이든 그 결과물을 '내가 실제 활용한다'라는 상상을 해보는 것입니다. 즉, 내 자신이 그 결과물을 소비하는 입장이 돼서 그 결과물을 활용하는 과정을 리얼하게 상상해보는 것이지요. 그리고 그런 상상을 통해 발견한 개선점을 반영하여 아웃풋 이미지를 더욱 구체화해나가야 합니다. 여러분이 회사에서 일을 하든, 학습계획을 세우든, 산업에 대한 예측을 하든 매순간 이런 상상을 해보면 계획하는 일의 성과나 결과물을 현실화할 가능성을 크게 높일 수 있습니다.

저의 경우 앞서 이야기했듯이 대학시절부터 '지식근로자를 관리하는 인사전문가가 되겠다'라는 미래에 대한 구체적인 아웃풋 이미지를 가지고 있었습니다. 이미 20년 전부터 지식근로자를 채용하고 육성하는 모습, 그들을 대상으로 강의하는 모습, 그런 경험을 토대로 책을 쓰는 모습을 매순간 상상해본 것이지요. 저의 경우처럼 여러분도 이런 구체적인 아웃풋 이미지를 상상해보면 신기하게도 아주 똑같지는 않더라도 상상했던 이미지와 비슷한 모습으로 현실화되는 상황을 경험할 수 있을 것입니다.

혁신적인 기업가들은 대부분 이런 상상력을 가지고 있습니다. 대표적으로 각각 우주여행과 화성이주라는 상상을 현실화하고 있는 리처드 브랜슨 버진그룹 회장과 일론 머스크 스페이스X CEO, 아이폰을 통해 자신이 상상한 모바일 세상을 현실화한 스티브 잡스 등을 꼽을 수 있습니다. 그들이 만든 것은 하나의 제품이기 이전에 혁신적인 상상에 의한 창조물인 것이지요.

결과물에 대한 구체적인 아웃풋 이미지는 일종의 '설계도'라고 할 수 있습니다. 보통 우리가 어떤 일을 추진할 때는 다음과 같이 크게 3단계를 거치게 됩니다.

영감(직관, 가설) → 생각정리(아웃풋 이미지) → 현실화

위와 같이 생각정리단계에서 결과물에 대한 설계도(아웃풋 이미지)를 얼마나 구체화하느냐에 따라 그것을 현실화할 가능성을 높일 수 있습니다.

실현가능성은 아웃풋 이미지와 구현역량의 합

아웃풋 이미지와 함께 결과물을 현실화하는 데 있어서 반드시 필요한 역량이 있습니다. 바로 구현역량, 말 그대로 자금, 인재, 시스템, 기술력 등 아웃풋 이미지를 현실화하는 데 반드시 필요한 역량들이 그것입니다. 다음 쪽의 그래프는 구현역량수준과 아웃풋 이미지의 구체성에 따라 아웃풋 이미지의 실현가능성이 어떻게 달라지는지를 나타내고 있습니다.

그래프가 나타내듯이 아웃풋 이미지가 명확하고, 구현역량이 충분하면 당연히 성공(실현)가능성이 높습니다. 이에 비해 아웃풋 이미지는 명확한데 구현역량이 부족하면 실현가능성은 보통 수준으로 떨어집니다. 이런 경우에 성공(실현)가능성을 높이려면 개인 또는 조직의 구현역량을 강화해나가야 합니다. 조직의 예를 든다면 자금을 더 투자하거나, 인재를 충원하는 등의 노력이 필요합니다. 반대로 구현역량은 높은데 아웃풋 이미지가 모호하면 성공(실현)가능성은 매우 낮아집니다. 이런 경우에는 자금이나 인재 등을 추가로 투입하는 방식은 불필요한 소모전이 될 수 있으므로 아웃풋 이미지를 더욱 구체화하는 데 집중해야 합니다. 만일 아웃풋 이미지도 모호하고 구현역량도 낮다면 성공(실현)가능성은 당연

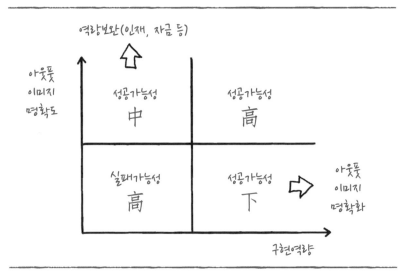

히 최악의 수준으로 떨어지겠지요.

티벳에는 머릿속으로 만다라를 그리는 수행이 있다고 합니다. 만다라는 부처와 보살을 중심으로 우주의 진리를 표현하는 복잡한 형태의 그림인데, 이 복잡한 그림을 상상력만으로 머릿속에서 구체적으로 그려낸다는 것이지요. 꾸준히 이런 수행을 한다면 상상력의 수준은 가늠할 수 없을 정도로 높아질 것입니다. 여러분 역시 이렇게 어려운 수행까지는 아니더라도 날마다 상상력을 이용해 머릿속에서 결과물을 구체화하는 훈련을 꾸준히 해나가야 합니다. 날마다 더 깊게 더 구체적으로 상상력의 수준을 높여나가다 보면 점차 선명한 아웃풋 이미지를 얻을 수 있게 됩니다.

02

창조력은 어떻게
만들어지는가

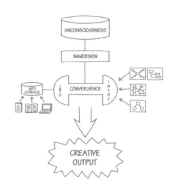

사람들은 현실에서 어떤 능력을 가장 갖고 싶어 할까요? 저는 '창조력'을 꼽고 싶습니다. 창조력은 '새로운 것을 생각하고 만들어내는 능력'을 말하는데, 이것만큼 나 자신을 다른 사람들과 차별화할 수 있는 능력도 없기 때문이지요. 특히 4차 산업혁명으로 인해 인공지능기술이 발전할수록 창조력의 가치는 더욱 커질 수밖에 없습니다.

창조력 개발을 위한 3가지 요소

문제는 앞서 이야기한 상상력만큼이나 창조력을 개발하는 방법을 찾기가 어렵다는 데 있습니다. 저는 창조력 역시 다른 능력들과 마찬가지로 그 근간이 되는 요건을 알아야 개발이 가능하다고 생각했습니다. 그래서 오랜 기간 제 스스로의 경험과 인문학자료, 전문가들의 의견을 토

대로 고민해본 결과, 다음 그림과 같은 3가지 요건이 창조력의 근간이
된다는 사실을 알게 됐습니다.

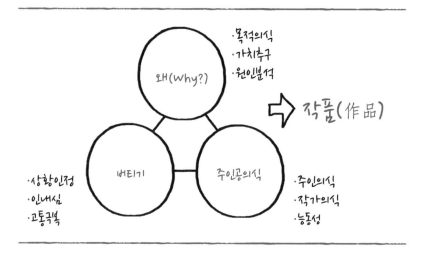

위의 그림을 풀이하자면 '내가 왜 이것을 하는지를 인식해야 하며, 새
로운 것을 만들어내는 데 따른 고통을 감내해야 하고, 누가 시켜서가 아
니라 자발적으로 한다는 주인공의식이 있어야' 창조력을 개발할 수 있다
는 것입니다. 그럼 위의 3가지 요건에 대해 하나씩 구체적으로 살펴보겠
습니다.

왜(WHY?)

여러분은 일을 하면서 스스로에게 이런 질문들을 던져본 적이 있습니

까?

'나는 왜 이 일을 하고 있을까?'

'나는 왜 이런 방식으로 일을 하고 있을까?'

'이 문제는 왜 발생한 것일까?'

사실 상당수의 직장인들이 이런 질문을 해보지 않고 단순히 상사의 지시에 따라 일을 진행하는 경우가 많습니다. 그러다 보면 업무를 지시한 상사에게서 이런 당황스러운 질문을 받기도 합니다.

"우리가 지금 왜 이 일을 하고 있다고 생각해?"

그러면 속으로 '헉! 자기가 시켜 놓고…'라는 생각이 들면서 긴장감에 진땀을 흘리게 되지요. 상사는 이런 질문을 통해 수시로 부하직원의 '목적의식'을 확인하려고 합니다. 그러니 결코 가볍게 생각할 질문이 아니지요. 여러분이 대학생이라도 마찬가지입니다. 리포트 하나를 작성하더라도 결론, 즉 목적이 불분명하면 서론부터 논리가 흔들릴 수밖에 없습니다.

지금까지 당연하게 생각하고, 습관처럼 해왔던 일에 대해 '왜(WHY)?'라는 질문을 던져 보십시오. 이런 질문을 통해 내가 하는 일에 대한 목적의식을 분명하게 해야만 창조력 개발의 출발점에 설 수 있습니다.

'왜(WHY)?'라는 질문에는 '당연한 것을 당연하게 보지 않게 하는 힘'이 있습니다. 다시 말해 '문제를 문제로서 인식하는 힘'을 기를 수 있다는 것입니다. 문제는 '현재의 상황과 개선·지향점 간의 차이(gap)'라고 할 수 있습니다. 이런 차이(문제)가 무엇인지도 모른다면 당연히 해결책이나 창조적인 대안 등을 기대할 수 없겠지요.

'왜(WHY)?'라는 질문에는 '가치지향'이라는 의미도 담겨 있습니다. 왜라는 질문에 답을 하면서 자연스럽게 가치를 고민하게 되기 때문입니다. 이처럼 우리가 하는 일, 우리가 만드는 제품과 서비스 등에서 가치를 발견하는 것이 창조력을 발휘하기 위한 원동력이 됩니다.

지금까지는 대부분의 거대 기업에서 'WHY형 인간'보다는 일을 어떻게 하면 잘할지에 집중하는 'HOW형 인간'을 중요시했습니다. 하지만 창조적 제품 하나가 기업 전체를 먹여 살리는 4차 산업혁명시대에는 'WHY형 인간'의 중요성이 보다 부각될 것입니다.

버티기(Never give up!)

창조력의 산물이 고통 없이 만들어지는 경우는 거의 없습니다. 지금까지 누구나 당연시했던 것에 대해 문제의식을 갖고 새로운 시도를 하는 데는 필연적으로 편견과 반대가 따라오기 때문입니다. 더구나 창조적 산물이 나오기까지는 상당한 시간이 걸리기 때문에 이런 고통을 감내해야 하는 시간도 그만큼 늘어날 수밖에 없습니다.

셀트리온의 서정진 회장은 바이오시밀러(바이오 복제약) 개발을 위해 3년 동안 사기꾼 소리까지 들어가며 매출 한 푼 없이 투자만 하던 시기에 너무 고통스러워서 자살까지 생각했었다고 합니다. 하지만 지금은 그 고통을 감내한 대가로 바이오시밀러 분야에서 독보적인 성과를 거두고 있습니다.

이어령 교수는 한 인터뷰에서 '한 사회의 창조력은 고통과 그것을 참고 견디는 과정에서 탄생한다'라고 이야기했습니다. 이 말처럼 여러분이 어떤 분야에서 창조력을 발휘하든, 정도의 차이가 있을 뿐 고통을 피해 갈 수는 없습니다. 그럼에도 불구하고 인내심을 발휘해 버텨야 합니다.

그 버티기에 도움이 되는 방법이 앞에서 설명한 '상황인정'입니다. 즉, 지금 눈앞에 있는 편견과 반대, 제약요건 등을 내가 통제할 수 없는 영역으로 '인정'하고, 나머지 내가 통제할 수 있는 영역에 에너지와 시간을 집중하는 것입니다.

또 하나 '피할 수 없으면 즐기라'라는 말처럼 고통스런 상황에 짜증을 내기 보다는 새로운 가치를 만드는 순간순간의 과정을 즐기는 노력이 필요합니다. 저는 이런 고통을 겪을 때마다 《맹자》의 한 구절을 떠올리며 상황을 즐기기 위해 노력했습니다. 여러분에게도 도움이 됐으면 하는 마음으로 그 구절을 소개합니다.

하늘이 장차 그 사람에게 큰 임무를 내리려 할 때에는 반드시 먼저 그의 마음과 뜻을 고통스럽게 하고, 그 힘줄과 뼈를 괴롭게 하며, 육체를 굶주리게 하고, 그 몸을 궁핍하게 한다. 그가 하고자 하는 바를 어긋나게 하며 마음을 동하게 하여 성격을 참게 함으로써 그가 할 수 없었던 것을 할 수 있게 함이다.

위의 문구처럼 고통을 인내하는 과정 없이는 '지금까지 할 수 없었던 것을 할 수 있게 하는 결과'를 기대할 수 없습니다.

주인공의식

주인공의식은 다른 말로 주인의식이라고도 합니다. 이런 주인공의식을 갖고 있는 사람들은 어떤 일을 하든지 자신의 일처럼 합니다. '겨우 이 돈 받으면서 내가 이런 일까지 해야 해?'라고 계산 빠르게 생각하는 사람들 눈에는 바보처럼 보일 수도 있습니다. 하지만 오랫동안 인사 일을 해온 저의 경험에 의하면 매사에 주인공의식을 갖고 일하는 사람들이 처음에는 고통과 시련이 따를지언정 결과적으로는 좋은 기회와 보상을 받는 경우가 많습니다. 저 역시 신입사원 때부터 매일 이런 다짐을 하면서 일을 했습니다.

'나는 1인 기업가다! 나는 나의 고객들에게 최선의 서비스를 제공할 것이다.'

이런 마음으로 일을 하면 회사에 종속돼 있다는 생각에서 벗어나 부가가치를 만들어내는 데 집중할 수 있습니다. 회사에서 나에게 지불하는 비용 이상의 가치(부가가치)를 제공하겠다는 관점이 마음속에 자리 잡게 됩니다.

'당신은 당신의 삶에서 주인공입니까? 조연입니까?'

여러분이 창조력 수준을 높이고 싶다면 이런 질문에 '나는 내 삶의 주인공이다'라고 대답할 수 있어야 합니다. 주인공의식을 가지고 있는 사람과 조연의식을 가지고 있는 사람 간에는 다음 표와 같은 차이가 있습니다.

주인공 (~임에도 불구하고 한 번 해보자)	조연 (~ 때문에 ~ 할 수 없다)
• 자신에게 오는 고통과 자극을 감내한다. • 상황이 좋지 않아도 한 번 해보자고 한다. • 솔직하고 정직하다. • 남을 탓하기보다 스스로 반성한다. • 일이 잘 돼도 모두의 공으로 돌린다. • 겸손하다. • 올바른 일을 위해서는 흔들리지 않는다. • 자신의 적도 포용한다. • 현상을 냉철하게 관찰한다.	• 자신에게 오는 고통과 자극에 끌려 다닌 다. • 상황이 좋지 않으면 포기한다. • 스스로를 속이고 '남이 모르겠지'라고 생 각한다. • 항상 '~때문에'라는 논리를 세운다. • 일이 잘 되면 다 자기가 한 거라며 잘난 척한다. • 자신의 욕심을 위해서는 그릇된 일도 서 슴지 않는다. • 자신에게 도움이 안 되는 사람은 적으로 돌리고 욕한다. • 감정에 빠져서 헤맨다.

굳이 양쪽을 비교해가면 설명하지 않아도 어느 쪽이 창조력을 발휘할 수 있는 유형인지 알 수 있을 것입니다.

스탠퍼드대학교의 캐럴 드웩 교수는 《마인드셋-원하는 것을 이루는 태도의 힘》이라는 책에서 '성장 마인드셋'과 '고정 마인드셋'이라는 2가지 태도 패턴의 차이에 대해 이렇게 설명합니다.

- **성장 마인드셋** : 노력에 의해서 스스로 성장할 수 있다는 믿음을 가지고 있는 것
- **고정 마인드셋** : 똑똑하거나 재능은 타고나는 것이지 변화될 수 없다고 생각하는 믿음을 가지는 것

그는 이러한 믿음이 인생의 모든 부분을 관통한다고 하면서, 각 패턴

에 따른 행동 차이에 대해 이야기합니다. 먼저 '고정 마인드셋'을 가진 사람들은 끊임없이 자신을 다른 사람들과 비교하고, 자신의 똑똑함이나 재능을 증명하려 하며, 결과만 중시하고, 자신을 존경해주는 사람을 좋아하며, 달성이 어려울 것 같을 때 자포자기 하고 다른 사람에게 책임을 미루기도 하며, 자신이 우월하다는 생각에 갑질을 할 수도 있다고 합니다.

반면에 '성장 마인드셋'을 가진 사람들은 아무리 큰 좌절이 와도 위험을 무릅쓰고 도전을 받아들이며, 자신을 지적하고 개선하게 도와주는 사람을 좋아하고, 성공은 배움에 달려 있다고 믿으면서 꾸준히 밀고 나가며, 우울한 상황에서도 꾸역꾸역 일을 해내며 자신을 돌봐 원래의 일상으로 돌아온다고 합니다.

어떤가요? 앞의 표에서 비교해본 주인공의 삶과 조연의 삶의 차이와 거의 일치하지 않나요? 주인공의식은 내 삶의 리더는 '나 자신'임을 선언하는 마음입니다. 즉, 나 자신에 대해 리더십을 갖는 태도입니다.

직접 사업을 해본 사람이라면 주인공의식이 어떻게 발현되는지를 자연스럽게 알 수 있습니다. '내 일(My business)'이라는 생각에 당연히 눈에 불을 켜고 잠도 안 자고 일하게 되고, 비용도 최대한 아껴 쓰려고 노력합니다. 우리는 이런 기업가의 주인공의식을 삶 전체로 확장시켜야 합니다.

저는 강의를 하다가 청중에게 눈을 감게 한 뒤 이런 질문을 할 때가 있습니다.

"여러분, 눈을 감으니까 뭐가 보입니까?"

그러면 대부분 '아무것도 안 보입니다'라고 대답합니다. 스스로 무언가를 인식하려고 하지 않으면 아무것도 인식되지 않는다는 사실을 깨달는 것이지요. 그러고 나서 눈을 뜨라고 한 뒤에 다시 이렇게 묻습니다.

"지금 모든 것을 인식하는 주체가 누구라고 생각됩니까?"

이 질문에 거의 모두가 '나 자신이요'라고 대답합니다. 간단한 실험을 통해 언제나 스스로의 관점에서 세상을 인식했었다는 사실을 자각하는 것이지요. 이렇듯 어떤 경우라도 세상을 인식하는 주체는 나 자신이며, 내 삶의 무대에서는 내가 주인공이라는 관점은 변하지 않습니다. 이런 관점을 잃지 않는다면 아무도 내 삶의 무대에서 나라는 주체적인 존재를 빼앗거나 쫓아낼 수 없습니다. 고대 로마의 철학자 보에티우스가 쓴 《철학의 위안》이라는 책을 보면, 올바른 삶을 산 보에티우스가 감옥에 갇혀 울분에 쌓여 있을 때 철학의 여신이 나타나 이런 이야기를 들려주었다는 대목이 있습니다.

당신에게 당신 자신보다 소중한 것이 있느냐고 묻는다면 없다고 대답할 것이기에, 만일 당신이 당신 자신을 소유하고 있다면 당신은 당신이 잃고 싶지 않은 어떤 것, 운명의 여신도 빼앗아 갈 수 없는 것을 소유하고 있는 것이다.

이런 주체적인 인식을 가지고 있는 사람은 어떤 고난과 자극에도 포기하지 않고 배우고 성장합니다. 맹자는 '자포자기(自暴自棄)한 사람과는 더불어 대화하거나 일하지 않는다'라고 이야기했습니다. 사람의 운명은 이미 정해져 있다고 하면서 매사에 쉽게 포기하는 사람, 예절과 정의를 무시하는 사람 등이 이런 '자포자기한 사람'에 해당합니다. 또한 우리 주변에는 주인공의식을 갖더라도 자신만을 인생의 주인공으로 생각하는, '어설픈 주인공의식'을 가진 사람들도 있습니다. 이런 사람들은 다른 사람을 자신의 인생의 배경이나 조연으로 인식하기 때문에, 일시적으로 협력하여 좋은 결과물을 만들더라도 결정적인 순간에 주고받음의 균형을 깨뜨리는 악수를 둠으로써 지속적인 성공을 이루어내지 못합니다.

여러분은 이런 자포자기한 조연의 인식이나 나만이 인생의 주인공이라는 오만함을 가져서는 안 되며, 나뿐만 아니라 다른 사람의 삶도 존중하는 인생의 작가이자 주연배우의 삶을 살아야 합니다. 그래야만 다른 사람과 서로 상생(Win-Win)하는 상호작용을 함으로써 지속적인 성공을 이루어낼 수 있습니다. 사람마다 주어진 배경도, 여건도, 역량도 차이가 있습니다. 하지만 이런 현실을 '인정'하고 지금 나에게 주어진 무대를 내가 가진 것으로 어떻게 꾸밀지에 집중해야 합니다.

'남의 무대 부러워하면 지는 것이다! 내 무대는 내가 꾸민다!'

창조력은 이런 마음을 가진 사람에게서 꽃을 피울 수 있습니다.

03

지금 하는 일에 가치를 부여해야 하는 이유

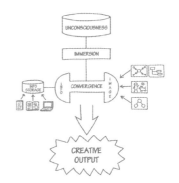

'당신은 세상에 어떤 가치를 주고 싶어서 이 일을 하고 있습니까?'

이 질문에 상당수의 직장인들이 '먹고살려고 하는 거지 무슨 가치까지…'라는 식으로 대답할 것입니다. 하지만 일이든, 공부든, 삶의 다른 계획이든 여러분이 그것에 가치를 부여하느냐 아니냐는 생각정리에 있어서 큰 차이를 만들게 됩니다. 단순히 '해야 하니까', '먹고살려고' 등의 이유로 하는 일에 머리를 싸매가며 생각을 정리하려고 애쓸 사람은 많지 않을 테니까요. 따라서 우리가 생각정리를 통해 원하는 결과물을 만들어내려면 그 결과물에 대해 의미 있는 가치를 부여해야 합니다.

이타적인 생각이 불러오는 효과

무언가에 가치를 부여한다는 것에는 '나뿐만 아니라 많은 사람들에게 도움이 되는'이라는 의미가 포함돼 있습니다. 나한테만 유리한, 나에게만 도움이 되는 것을 '가치 있다'라고 평가받기는 어렵기 때문입니다. 물론 사람은 기본적으로 '이기적인 성향'을 가지고 있습니다. 남이 잘 되는 것까지는 어쩔 수 없다 하더라도 내가 손해 보는 상황을 그냥 그러려니 하고 넘길 사람은 많지 않을 테니까요. 그러다 보니 '이타적'의 개념을 '내가 손해를 보는 것'이라고 생각하기도 합니다. 하지만 이타적이라는 것은 그런 의미가 아니라 '나뿐만 아니라 남까지 배려하는' 현명한 생각이나 행동을 말합니다.

독일의 생물물리학 박사인 슈테판 클라인은 《이타주의자가 지배한다》라는 책을 통해 '진화론적으로 봤을 때 우리의 조상은 먼저 가장 '친절한' 원숭이가 되고 난 후에 가장 '똑똑한' 원숭이가 되었을 것'이라고 이야기합니다. 이타심으로 힘을 합쳐 생존에 위협이 되는 요소를 줄일 줄 알게 된 후에야 인간의 지능이 발달하게 됐다는 의미이지요. 또한 그는 인간의 이기적인 행동은 두려움과 걱정에서 비롯된다고 하면서, 이기주의자가 단기적으로는 잘 사는 것 같지만 장기적으로 보면 타인의 행복을 위해 노력하는 이타주의자가 훨씬 앞서간다고 이야기합니다.

실제로 '하늘은 스스로 돕는 자를 돕는다'라는 속담처럼 이타적인 생각으로 가치를 만들어내면 하늘까지는 아니라도 주변의 자발적인 도움을 얻게 되는 경우가 많습니다. 대표적인 사례로는 소비자들에게서 '갓뚜기'라는 별칭을 얻은 오뚜기를 들 수 있습니다. 오뚜기는 창업주 때부터 많은 선행을 하고 세금을 성실하게 납부하는 등 기업의 사회적 의무를 다하고, 좋은 제품을 만들고 고객을 진심으로 대하는 서비스를 실천한다는 사실이 세상에 알려지면서 이런 칭송을 받게 됐습니다. 이후 이런 오뚜기의 기업가치에 감동받은 소비자들의 자발적인 구매가 이어지면서 제품 판매량이 획기적으로 늘어나게 되었지요.

존슨 앤드 존슨 역시 '우리 제품을 취급하는 사업자도 정당한 이익을 올릴 수 있도록 해야 하고, (우리 스스로) 선량한 시민이 돼야 하며, 선행과 자선을 베풀고, 적절한 세금을 내고, 사회의 발전 및 건강과 교육의 증진을 위해 노력해야 한다'라는 명확한 기업가치를 정립하고 있습니다. 그들은 '우리의 신조(Our Credo)'라고 명명한 이러한 기업가치를 꾸준히 실천함으로써 전 세계 소비자들에게서 꾸준히 사랑받고 있습니다.

창조력은 가치 있는 일에 집중했을 때 발현된다

홍익학당의 윤홍식 대표는 '남의 마음을 공감 못한다는 것은 계산이 잘 안 된다는 것으로 지능이 부족하다고 생각하면 되며, 남을 배려한다는 것이 머리가 더 좋은 것이다'라고 이야기합니다. 이 말처럼 다른 사람의 마음을 공감하지 못할 정도로 지능이 떨어지는 사람이 아니라면 누구나 이타적인 생각을 할 수 있습니다. 그러니 사람이 어떻게 갑자기 이타적으로 바뀌느냐고 걱정할 필요가 없습니다. 이미 여러분이 하고 있는 이타적인 생각의 크기를 조금씩 키워나가면 됩니다. 애덤 스미스 역시 《도덕감정론》에서 '인간이 아무리 이기적(利己的, selfish)인 존재라 하더라도 그 천성에는 이와 상반되는 연민, 동정심 등이 존재한다'라고 하면서, '단지 그것을 바라보는 즐거움 밖에는 얻을 것이 없더라도 타인의 행복을 필요로 한다'라고 이야기합니다. 우리가 영화나 드라마의 권선징악적 구조를 식상해하면서도 내심 악인이 망하고 선인이 승리하는 모습을 보면서 통쾌감을 느끼는 것도 이런 이유 때문이라고 할 수 있습니다. 물론 세상의 모든 현상을 선과 악이라는 2분법 구조로 판단하면 안 되겠지요.

여러분이 하는 모든 일에 대해 거룩한 가치를 부여해보십시오. '거룩'이라는 표현이 조금 오글거릴 수도 있지만, 이런 가치를 부여하고 세상에 도움이 되는 방향으로 일을 했을 때, 버티는 힘이 생기고 여러분이 추진하는 모든 것들에 대한 성공가능성이 올라갑니다. 창조력 또한 당연히 이처럼 가치 있는 일에 생각을 집중했을 때 발현됩니다.

'스스로 거룩한 가치를 부여한 일에 긍정적인 열정을 쏟으면서 상황을 냉정하게 인식하면서 버티는 것'

이것이 바로 여러분이 생각정리를 통해 창조적인 결과물(대안)을 현실화하는 핵심적인 조건이 됩니다.

04

삶의 가장 큰 생각정리는 인생계획이다

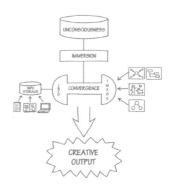

우리가 생각정리방법을 배우려는 이유는 무엇일까요? 아마도 개개인이 처한 상황만큼이나 다양한 답이 나오겠지요. 그럼 그 수많은 이유 중에서 생각정리의 끝판왕은 무엇일까요? 깊게 생각할 필요 없이 바로 여러분의 '삶에 대한 생각정리', 즉 '인생계획(Life Plan)'일 것입니다. 살면서 누구나 몇 번쯤 이런 인생계획을 세워보려고 시도합니다. 하지만 대부분 중간에 포기하거나, 머릿속에서 모호하고 막연하게 그려봤다가 시간이 지나면 기억 속에서 지워버리는 경우가 많습니다.

그래서 인생계획도 '문서화'가 필요합니다. 문서로써 나만의 '인생계획서'를 작성해야 한다는 것이지요. 물론 이 거창한 작업을 한 번에 완성할 수는 없습니다. 또한 계획서에 어떤 요소들이 들어가야 하는지도 알아야 합니다. 이를 위해 지금부터 인생계획서를 어떻게 작성해야 하는지에 대해 하나하나 살펴보겠습니다.

20분 안에 인생계획서 초안을 작성하는 방법

보통 사람들이 계획서를 작성하기 어려워하는 데는 크게 2가지 이유가 있습니다. 하나는 도중에 계획이 어긋날까봐 두려워서이고, 또 하나는 처음부터 너무 잘 만들려고 애쓰기 때문입니다. 여러분이 인생계획서를 작성하려고 할 때도 마찬가지입니다. 그래서 저는 이런 방법을 제안합니다.

'우선 대충 써놓고 주기적으로 업데이트한다.'

인생계획을 세우는 데 필요한 정보가 충분하다면 처음부터 정밀하고 세밀한 인생계획서를 작성할 수 있습니다. 하지만 먼 미래까지를 포함하는 인생계획서에 대한 정보를 처음부터 완벽하게 확보하기는 불가능합니다. 따라서 큰 방향은 정해놓되, 순간순간 축적되는 정보와 상황변화 등을 반영하여 비전과 전략 등을 지속적으로 수정해나가야 합니다.

저는 이와 관련한 강의를 하면서도 수강자들에게 너무 잘 쓰려고 고민하지 말고 15~20분 안에 1차 버전을 만들라고 조언합니다. 1차 버전만 만들어도 인생계획의 출발점에 설 수 있기 때문입니다. 그리고 나서 분기나 반기 정도 단위로 점검하고 업데이트를 해나가면 점점 정밀한 인생계획서의 형태가 만들어집니다.

미션(Mission), 인생 전체를 관통하는 생각

생각에도 '가중치'가 있습니다. 비중이 작은 생각이 있는 반면 인생 전체에 영향을 미치는 생각도 있습니다. 후자에 속하는 생각 중 가장 중요한 것이 바로 '미션(Mission)', 다른 말로 '사명(使命)'입니다.

'나는 세상에 어떤 가치를 제공할 것인가?'

이 질문에 대한 답이 바로 미션입니다. 여기서 '세상'이란 '나와 나를 둘러싼 모든 환경'을 의미합니다. 그 환경의 폭은 사람마다 다르겠지만, 일반적으로 가족, 친구, 회사, 사회 등이 포함됩니다.

내가 존재하는 의미인 미션이 선명하지 않으면 삶의 동기부여가 미약해지고 행동(실행)으로 연결되는 힘이 떨어집니다. 미국 아마존 베스트셀러 종합 1위를 차지했던 《THE ONE THING》이라는 책에서는 이러한 목적의식을 '큰 이유(Big Why)'라고 정의하면서, 힘들고 어려울 때도 계속 일하게 만드는 이 목적의식이 삶의 우선순위를 정하게 해준다고 이야기합니다. 이처럼 미션을 확고하게 정하면 삶의 우선순위가 정해지면서 자연스럽게 그에 따른 비전, 전략, 실행계획 등이 세워집니다.

저는 여러분에게 '스스로 오글거릴 정도로 거창한 미션'을 정하라고 이야기하고 싶습니다. 일론 머스크의 이런 미션처럼 말이지요.

'인류를 환경오염과 자원고갈의 위기에서 구하겠다.'

그는 이러한 미션을 토대로 환경오염을 최소화할 수 있는 전기 자동차와 화성이주를 위한 우주 로켓을 개발할 수 있었습니다. 현실의 제약요건에 너무 얽매이면 생각의 폭이 줄어들고 미션의 폭도 떨어집니다. 현실의 나를 기준으로 미래의 나를 판단하면 안 됩니다. 미션은 현실의 내가 아닌, 지금보다 훨씬 노력하고 발전할 미래의 내가 만들어낼 결과물이니까요. 안창호 선생은 다음과 같이 현재의 나를 작게 생각하지 말고 스스로 큰 가치를 실현할 수 있도록 노력하라는 취지의 말을 남겼습니다.

'우리 중에 인물이 없는 것은 인물이 되려고 마음먹고 힘쓰는 사람이 없는 까닭입니다. 인물이 없다고 한탄하는 그 사람 자신이 왜 인물 될 공부를 아니 하는가.'

미션, 즉 '내가 세상에 제공하고 싶은 가치'에는 '상생(Win-Win)'의 개념을 반영하는 것이 좋습니다. 앞서 이야기했듯이 상생의 가치를 추구하는 사람에게는 주변의 많은 도움이 따르고, 그만큼 미션을 현실화할 가능성이 높아지기 때문입니다.

저의 경우 다양한 분야의 여러 조직을 초기에 세팅하고 성장시키는 일을 하는 과정에서 한 가지 분야를 깊게 파는 것보다 여러 분야를 유기적으로 융합·촉진하는 역할이 저에게 잘 맞는다는 사실을 깨닫고 이런 미션을 정했습니다.

'문화세계를 만드는 촉진자이자 융합자 역할을 하겠다.'

제가 경험하고 배운 다양한 분야의 문화들을 서로 융합하고 촉진함으로써 계속해서 새로운 문화가 재창출되는 세계를 만들어보겠다는 가치를 담은 것이지요. 여러분도 복잡하고 장황하게 생각할 필요 없이 스스로 추구하고자 하는 가치를 이렇게 딱 한 줄의 미션으로 표현해보십시오. 인생 전체를 관통하는 생각인 만큼 빨리 정해야 한다는 조급함을 버리고 때로는 산책이나 여행을 즐기면서 자주자주 생각해봅니다. 그러다 머릿속에 딱 꽂히는 생각을 스마트폰이나 노트에 적는 것입니다. 이렇게 정해진 미션이 여러분이 원하는 방향으로 인생을 이끌어줄 것입니다.

스스로의 미션을 정의하기 어려울 때 다음 문장구조를 이용하여 괄호로 표현한 곳을 채워나가면 비교적 수월하게 미션을 정해볼 수 있습니다.

(좋아하고 꼭 하고 싶은 주제/관심분야)를 (어떤 방식)으로 제공하여, (어떤 대상(고객))에게 (제공하고 싶은 가치)를 제공한다.

여기서 '(어떤 방식)'에는 '어떻게 만들어서, 팔아서, 사용해서, 품평해서' 등의 내용이 들어갈 수 있으며, '(제공하고 싶은 가치)'에는 '즐거움, 행복, 정의, 편리함' 등 다양한 표현이 들어갈 수 있습니다.

'미션-비전-전략-계획' 4단계로 인생계획서 완성하기

미션이 정해졌다면 이제 그 미션을 기반으로 인생계획서를 작성해야 합니다. 이때 인생계획서에는 '미션-비전-전략-계획'의 4단계 요소가 포함돼야 합니다. 실제로 제가 기업 워크숍 등에서 수강자들에게 이 4단계 요소를 알려주지 않고 인생계획서를 써보라고 하면 각양각색의 형태들이 나옵니다. 어떤 계획서에는 미션은 없이 비전만 담기기도 하고, 단

기록표 중심의 계획서를 작성하는 경우도 많습니다. 여러분이 이런 오류를 겪지 않도록 다음 쪽 표와 같이 제가 직접 만든 인생계획서 표준양식을 소개하겠습니다.

이 양식은 인생계획은 '인생 전반에 걸친 사업계획'이라는 의미에서 사업계획서의 양식을 차용하여 만든 것입니다. 이 양식의 강점은 항목에 따른 설명을 참조하여 칸을 채우다 보면 누구나 15~20분 내에 인생계획서의 1차 버전을 완성할 수 있다는 데 있습니다. 그러고 나서 앞서 이야기했듯이 주기적으로 바뀌는 상황과 정보를 반영하여 업데이트해나가면 됩니다. 그러다 보면 점차 자신이 상상하는 인생과 잘 맞아떨어지는 인생계획서의 형태를 갖추게 됩니다.

미션을 제외한 다른 항목들의 대략적인 의미는 이렇습니다. 먼저 '비전'은 미션을 달성하기 위한 '중장기적인 나의 꿈'을 말합니다. 미션과 마찬가지로 장황하게 기술할 필요 없이 한 줄 정도로 구체적으로 묘사하면 됩니다.

'전략'은 가장 가까운 미래로 설정한 비전을 달성하기 위해 내가 가진 에너지를 집중할 곳을 말합니다. 다만 전략은 너무 많으면 에너지가 분산돼서 효율이 떨어지므로 최대 3개 이내로 정하는 것이 좋습니다. 마지막으로 '계획'은 연도·분기·월 단위로 내가 구체적으로 해야 할 일을 말합니다. 다만 여러분이 인생계획서를 처음 작성할 때는 계획까지 완벽하게 작성할 필요는 없습니다.

136쪽의 표는 지금까지 설명한 내용에 따라 제가 작성한 인생계획서 샘플입니다. 저 역시 이 인생계획서를 계속해서 업데이트해나가고 있습니다.

인생계획서(Mission Statement)

작성일자 :

작성자	
미션 (세상과 나에게 주는 부가가치)	
비전 (미션을 달성하기 위한 중장기적인 나의 꿈)	3년 : 5년 : 10년 : 20년 : 30년 :
전략 (현재 모습과 3년뒤 비전과의 차이(GAP)를 메우기 위한 선택과 집중의 방향)	
실행계획	20XX년
	20XX년
	20XX년
	20XX년
	20XX년

미션	조직을 구축하는 능력과 인문학(철학)을 융합하여 교육에서부터 다양한 조직구축까지, 21세기 문화세계를 만드는 촉진자/융합자 역할을 수행한다.	⇨ Why?
비전	• 2012년까지 지식근로자를 관리하는 인사전문가 • 2020년까지 국내 최고의 조직구축 전문가 • 2025년까지 세계적인 자기계발 전문가	⇨ What?
전략	• 공통역량 콘텐츠 만들기(책 저술) 및 강의 • 다양한 사업영역 경험 및 성공사례 확보	⇨ How?
계획	• 생각 디자인 출간(2019년 상반기) • 조직구축 회사 투자 유치(2019년 상반기) • 사즉생 저술(2019년 하반기)	

실제로는 위의 샘플보다 세밀하게 기술돼 있지만 여러분에게 큰 그림을 보여주기 위해 간략하게 핵심만 정리해봤습니다. 또한 이것은 단지 하나의 샘플인 만큼 여러분의 인생계획서는 이를 참조하여 각자의 방식대로 작성하면 됩니다.

이렇게 여러분이 인생계획서로서 인생의 명확한 방향성(아웃풋 이미지)을 잡고, 앞에서 설명한 몰입을 통해 그 방향성에 맞춰 순간순간 최선을 다하면 다음 그림과 같이 자아실현이 된 멋진 인생을 만나게 될 것입니다.

명확한
방향성 × 지금
이 순간에
몰입하기 = 자아실현이 된
멋진 인생

6장

전략적 사고를
극대화하는 방법

01

항상 근본원인이 무엇인지를 파헤쳐라

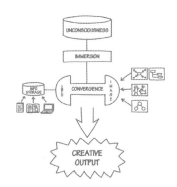

우리 몸에 이상이 생겼을 때 치료하는 방법에는 크게 2가지가 있습니다. 하나는 '대증치료'이고, 또 하나는 '원인치료'입니다. 예를 들어 피부 트러블이 생겼을 때 증상을 줄여주는 화장품을 바르는 것이 '대증치료'라면, 장 기능이 떨어져서 피부 트러블이 생겼다는 근본원인을 찾아내서 장 기능 개선을 위한 치료를 받는 것이 '원인치료'에 해당합니다.

우리가 생각정리를 통해 상황이나 현상을 풀어갈 때도 이와 같은 2가지 해결책을 도출할 수 있습니다. 즉, 상황이나 현상에 따라 직접적으로 나타난 문제를 해결하는 방식과, 그런 상황 등을 일으킨 근본적인 원인을 찾아 해결하는 방법입니다. 이때 근본원인을 파악하지 않고 눈앞에 나타난 문제만 해결하고 넘어가면 또 다시 같은 상황에 처할 가능성이 높습니다.

2단계 사고법과 3단계 사고법

　대증치료와 원인치료라는 2가지 치료법을 사고패턴으로 바꿔보면 각각 '2단계 사고법'과 '3단계 사고법'에 해당합니다. 예를 들어 피부 트러블을 치료하는 방법을 2단계 사고법과 3단계 사고법으로 풀어보면 다음과 같습니다.

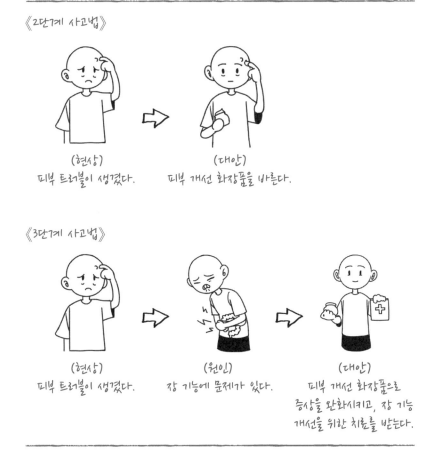

《2단계 사고법》

(현상)
피부 트러블이 생겼다.

(대안)
피부 개선 화장품을 바른다.

《3단계 사고법》

(현상)
피부 트러블이 생겼다.

(원인)
장 기능에 문제가 있다.

(대안)
피부 개선 화장품으로
증상을 완화시키고, 장 기능
개선을 위한 치료를 받는다.

물론 2단계 사고를 통해 도출한 대증치료적 해법도 중요합니다. 3단계 사고를 통해 근본원인을 찾아 해결하기 전까지 상황이 더 나빠지지 않도록 우선 단기적인 해법부터 적용할 필요가 있기 때문이지요. 예를 들어 어떤 지역이 식량부족으로 인해 심각한 집단 기아상태에 빠졌다고 가정해보겠습니다. 이런 문제에 대해 과학농법을 이용해서 식량 수확량을 늘린다는 원인치료적 해법을 제시할 수 있지만, 수확을 얻는 데 걸리는 1년 동안 기아문제가 더 심해질 수 있습니다. 따라서 이런 경우에는 구호물자를 요청해 당장의 기아문제를 최소화하는 대증치료적 해법을 동시에 적용해야 합니다.

다만 대증치료적 해법, 즉 2단계 사고법을 통해 도출한 대안을 근본해법으로 생각해서는 안 됩니다. 이런 식의 대안은 대부분 '임시방편'에 불과하기 때문이지요. 따라서 반드시 3단계 사고를 통해 문제의 근본원인을 파악해서 완전한 해결책을 도출해야 합니다.

3단계 사고를 습관화하는 방법

이와 같이 3단계 사고법은 여러분이 생각정리를 통해 대안을 얻거나 문제해결을 하는 데 있어서 중요한 관문이 됩니다. 3단계 사고를 습관화하려면 크든 작든 모든 문제에 '왜 그런 문제가 생겼는지'를 스스로에게 계속해서 물어봐야 합니다. 머릿속으로 하기 어렵다면 종이에 동그라미 또는 사각형을 그리고 그 안에 눈에 보이는 현상을 적은 뒤 스스로에게 계속 '왜(Why?)'라고 물어보고 그 답들을 화살표로 연결해가면서 근본원인을 찾아봅니다. 더 이상 '왜?'라는 질문이 필요 없을 때까지 파다보면 근본원인을 파악할 수 있습니다. 예를 들어 '사교육비 증가'라는 사회적 문제를 이런 방식으로 분석해 보면 다음 그림과 같습니다.

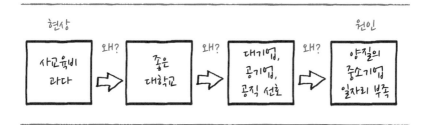

위와 같이 '왜?'라는 질문을 계속 해나가다 보면 양질의 중소기업 일자리 부족이 근본원인이라는 판단을 얻을 수 있습니다. 근본원인이 이렇다면 교육제도를 어떻게 바꾸든 결국 경쟁에서 이기기 위해 사교육비를 과다하게 쓰는 상황이 반복될 수밖에 없습니다. 교육부의 제도개선만으로 해결할 수 있는 문제가 아닌 것이지요. 이런 경우 대증치료적 해법으로서 입시제도를 단순하게 개선하여 사교육비를 최소화하는 한편, 양질의 중소기업 일자리를 지속적으로 늘려나가는 원인치료적 해법을 병행하는 해결책을 고려할 수 있습니다.

　사물의 이치를 끝까지 파서 앎에 이르는 것을 '격물치지(格物致知)'라고 합니다. 3단계 사고법이 바로 이런 격물치지에 해당합니다. 눈에 보이는 현상에 단편적인 답을 내놓는 2단계 사고를 하다 보면 현상에 속게 됩니다. 아리스토텔레스는 '현상은 복잡하지만 본질(원인)은 단순하다'라고 이야기했습니다. 우리가 생각정리를 잘해서 문제를 해결하려면 사물의 겉면뿐만 아니라 이면까지 볼 수 있는 힘을 길러야 합니다. 이를 위해 어떤 문제이든지 '현상-원인-대안'의 3단계 사고를 통해 눈에 보이는 현상, 그 원인, 원인에 따른 대안으로 구분해서 분석해보는 습관을 길러야 합니다.

02

경쟁할 때는 시간, 공간, 역량을 고려하라

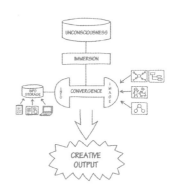

'전략을 한마디로 뭐라고 정의할 수 있을까요?'

전략이란 용어가 매우 흔하게 쓰이고 있음에도 불구하고 참 대답하기 쉽지 않은 질문입니다. 그만큼 전략이라는 용어가 여러 분야에서 포괄적인 개념으로 사용되고 있는 데다, 때로는 전략과 전술을 구분하기 어려운 경우도 많기 때문입니다. 《표준국어대사전》에서는 전략의 의미를 이렇게 풀어주고 있습니다.

'전쟁을 전반적으로 이끌어가는 방법이나 책략. 정치, 경제 따위의 사회적 활동을 하는 데 필요한 책략'

위의 의미에서 유추할 수 있듯이 '전략'은 원래 전쟁용어였습니다. 그러다 이고르 앤소프라는 학자에 의해 비즈니스 분야에도 전략이라는 개념이 도입됐지요. 그는 《기업전략(Corporation Strategy)》이라는 책에서 경영전략의 개념을 간략하게 '경영목표를 달성하기 위한 의사결정 내지 지침'이라고 정의했습니다.

이와 같은 개념들을 종합해보면 전략의 의미는 대략 이렇게 정리해볼 수 있습니다.

'경쟁환경에서 승리하기 위해 자원을 효과적으로 배분함으로써 목표를 달성하는 계산 또는 계획'

경쟁의 승패를 좌우하는 전략의 3요소

위의 정의를 보면 결국 경쟁에서의 승리는 어느 쪽이 '한정된 자원을 효과적으로 배분 또는 집중하느냐'에 달려있다고 볼 수 있습니다. 여기에 추가되는 전략의 핵심이 '시간'과 '공간'입니다. 즉, 전략을 세울 때는 '한정된 자원을 언제, 어디에 집중할 것인가' 하는, '시간-공간-자원(역량)'의 3요소가 명확해야 합니다.

이런 전략의 원리를 과학적으로 밝혀낸 것이 '란체스터의 법칙'입니다. 란체스터는 동일한 시간, 동일한 공간에서 동일한 성능의 비행기로 싸우는 경우 양쪽의 전력(전투기 수) 차이가 원래의 전력 차이의 제곱만큼 커진다는 사실을 분석해냄으로써 이 법칙을 만들었습니다. 만일 아군의 전투기 수가 적군의 2배 이상이라면 거의 자원손실 없이 전투에서 승리할 수 있다는 것이지요.

그런데 이 법칙만 보면 '결국 자원이 절대적으로 많은 쪽이 경쟁에서 승리한다는 말이네'라는 생각이 들 수 있습니다. 하지만 꼭 그렇지는 않습니다. 그 힌트는 '동일한' 시간과 공간에 있습니다. 여러분이 경쟁자에 비해 전체적인 자원이나 역량이 부족하더라도, 가지고 있는 자원과 역량을 여러분이 타깃화한 공간(분야)에 적시에 집중하면 승리할 가능성이 커진다는 의미입니다. 그 대표적인 사례가 이순신 장군의 명량해전입니다. 이순신 장군은 목이 좁은 울돌목이라는 지형조건에서 13척의 배를 일렬로 포진하여 순차적으로 밀려오는 일본 전함을 상대했습니다. 즉, 동일한 전투지역에서 더 많은 에너지를 집중하는 전략을 취함으로써 아군보다 10배가 넘는 전투함을 지닌 일본군을 무찌를 수 있었던 것이지요.

비즈니스 분야에도 이런 사례는 무궁무진합니다. 수많은 전자제품 중에서 밥솥에 역량을 집중함으로써 경쟁우위를 차지한 쿠쿠전자나, 이보다 더 미세하게 냉장고 중에서도 김치냉장고에 역량을 집중해서 딤채라는 히트상품을 만들어낸 대유위니아 등을 대표적인 사례로 들 수 있습니다.

독일의 군사전략전문가 클라우제비츠 역시 《전쟁론》이라는 책에서 다음과 같이 전략에서의 시간·공간·자원의 중요성을 강조했습니다.

'전략은 언제, 어디서, 어떤 병력으로 싸울 것인가를 정하는 것이며, 이 3가지 사항에 대한 결정이 싸움의 승리에 크나큰 영향을 미친다.'

집중이라는 한 끗 차이가 만드는 효과

여러분이 전략에 대한 생각을 정리할 때도 반드시 이 '시간-공간-자원(역량)'이라는 3가지 요소를 고려해야 합니다. 자원은 언제나 부족하기 마련입니다. 경쟁의 승부가 오직 자원의 양으로만 결정된다면 전략이라는 개념은 생기지 않았을 것입니다. 학생이라면 학습과 진학이라는 전략에, 직장인이라면 성과와 커리어 상승이라는 전략에 이런 요소들을 반드시 반영해야 합니다.

어찌 보면 이 3가지 요소를 반영한 전략의 개념을 '각개격파'에 비유할 수도 있을 것 같습니다. 전략은 내가 지금 당장 싸워야 할 공간에서 가지고 있는 모든 자원과 역량을 집중함으로써 경쟁상대를 하나씩 이겨내는 과정이라고 할 수도 있으니까요. 그런 승리의 과정들이 쌓이다 보면 여러분의 자원과 역량들도 늘어나고 결과적으로 더 큰 경쟁에서도 승리할 수 있는 여건을 만들 수 있습니다.

전략에 대한 이야기를 마치기 전에 간략하게 제 사례를 하나 소개하겠습니다. 저는 IMF가 터졌을 때 군대를 전역하고 대학원에 지원했습니다. 당시에는 취업할 곳이 부족하다 보니 대학원 진학 경쟁률이 8:1에 달했습니다. 저는 제가 가진 역량을 '연구계획서'라는 지원양식에 집중함으로써 다른 지원자와 차별화하는 전략을 시도했습니다. 다음 쪽 그림과 같이 보통 서술형 내용을 수기로 기술하는 양식에 별도의 액션플랜 항목을 만들고, 대학원 입학 후 학기별로 중점적으로 연구할 내용들을 표로 작성한 것입니다. 결과적으로 저는 평가교수들에게서 로지컬 씽킹 훈련이 잘 돼 있다는 점을 인정받아 대학원에 합격할 수 있었습니다.

지금까지 살펴봤듯이 경쟁의 승패는 '집중'이라는 '한 끗 차이'에서 결정되는 경우가 많습니다. 한정된 자원, 에너지, 역량으로 여러분이 욕심내는 모든 부분에서 승리하기는 어렵습니다. 우선 내가 공략해야 할 곳에서 한 끗 차이의 역량을 집중해야 합니다. 여러분이 역량을 집중해야

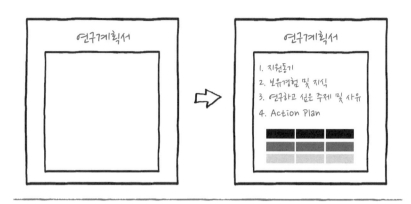

할 그 길목에서 이순신 장군이 명량해전을 앞두고 병사들에게 했던 이 말을 기억하십시오.

'한 사람이 길목을 지키면 천 사람도 두렵게 할 수 있다.'

03

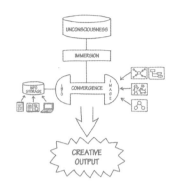

싸우기 전에 미리
승패를 예측하는 방법

우리의 삶은 순간순간이 경쟁의 연속입니다. 내가 얻고자 하는 것이 경쟁 없이 하늘에서 뚝 떨어지는 일은 없을 테니까요. 그런데 내가 경쟁에서 확실하게 승리할 수 있는 방법을 미리 알 수 있다면 어떨까요? 크게는 싸울지 말지를 판단하거나, 싸운다면 어떤 역량을 개발하고 문제를 개선했을 때 승리할 수 있는지를 알 수 있는 방법 말이지요.

도천지장법, 손자병법으로 배우는 전략적 사고패턴

지금부터 여러분에게 그런 승리의 방법을 분석하는 데 도움을 주는 사고패턴을 소개하겠습니다. 바로 손자가 제시한 '도천지장법(道天地將法)'이라는 사고패턴입니다. 그가 《손자병법》에서 이야기한, '적을 알고 나를 알면 백 번을 싸워도 위태롭지 않다'라는 뜻을 가진 '지피지기 백전불태

(知彼知己 百戰不殆)'의 백미가 바로 이 사고패턴에 있습니다.

손자는 다음 그림처럼 도(道), 천(天), 지(地), 장(將), 법(法)이라는 경쟁을 둘러싼 5가지 영역을 고민하면 '싸우기 전에 승리 여부를 손에 잡힐 듯이 알 수 있다'라고 이야기합니다.

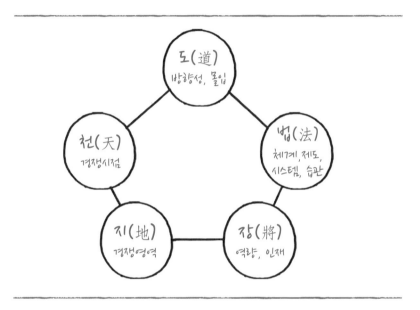

① 도(道) : 올바른 방향성과 몰입

'도'는 일 또는 사업의 방향성이 올바르게 설정됐는지 여부와 리더십 구현을 통한 상하 구성원들의 일치단결 수준 등을 분석하는 척도입니다. 개인이라면 올바르게 설정한 방향성에 얼마나 집중·몰입하고 있는지를, 조직이라면 올바른 목적 및 목표에 상하 구성원들이 조직적으로 집중·몰입하고 있는지 등을 분석하는 것을 의미합니다.

② 천(天) : 경쟁시점

'천'은 내가 경쟁에 뛰어들 최적의 시점을 분석하는 척도입니다. 특히 선공을 날릴 시점을 잡는 것이 중요합니다. 예를 들면 기업이 경쟁자보다 빠른 시점에 시장에 진입함으로써 경쟁에서 유리한 입지를 차지하는 경우를 말합니다.

③ 지(地) : 경쟁영역

'지'는 내가 얼마나 강점을 가지고 있는 영역에서 경쟁하고 있는지를 분석하는 척도입니다. 내가 강점을 가지고 역량을 발휘할 수 있는 유리한 영역에서 경쟁할 수 있다면 그만큼 승리할 가능성을 높일 수 있기 때문입니다.

④ 장(將) : 역량, 인재

'장'은 개인이라면 강점이 되는 역량을 보유하고 있는지를, 조직이라면 그런 역량을 가지고 있는 인재를 확보하고 있는지를 분석하는 척도입니다. 그러한 역량이 결국 위에서 말한 경쟁시점(天)과 경쟁영역(地)을 판단하는 기준이 됩니다.

⑤ 법(法) : 제도, 시스템

'법'은 개인이라면 일을 처리하거나 학습을 하는 데 필요한 시간관리와 정보관리 등의 체계·습관 등을, 조직이라면 각종 업무 관련 제도나 시스템을 잘 갖추고 있는지를 분석하는 척도입니다.

지금까지 설명한 도천지장법이라는 5가지 척도를 이용해 개인과 조직을 분석해 보면 강점과 약점을 세밀하게 파악하는 데 큰 도움이 됩니다. 또한 이러한 척도는 다양한 경쟁에 대한 분석뿐만 아니라 각종 투자분석에도 활용할 수 있습니다.

04

큰 성과를 이루려면
우선 퀵 윈 과제에 집중하라

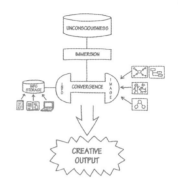

여러분이 문제가 많은 조직에 새로운 리더로 들어간다면 어떤 일들을 먼저 해야 할까요? 당장이라도 제도나 시스템을 뒤엎어서 조직의 체질을 바꾸고 싶겠지만 그것이 생각처럼 쉽지는 않습니다. 제도나 문화 등에는 조직원 간 또는 부서 간 이해관계가 복잡하게 얽혀 있어서 섣부르게 손을 대면 오히려 갈등과 문제를 키우는 역효과가 생길 수 있기 때문입니다.

이럴 때 필요한 개념이 '퀵 윈(Quick Win) 과제'입니다. 영문 의미 그대로 '단기에 빠르게 달성할 수 있는 과제'를 말하며, 퀵 윈 과제의 우선순위는 '중요도'와 '달성가능성'에 따라 정하게 됩니다. 예를 들어 위의 사례라면, 회의실에서의 지정석 없애기나 리더와 직원 간 프리토킹 티타임 도입 등 이해관계에 얽매이지 않고 리더의 의지만으로 빠르게 실행할 수 있는 과제들을 퀵 윈 과제로서 고려할 수 있습니다. 이러한 과제를 실행함으로써 구성원들이 자유롭게 소통하며 조직의 문제를 인지하도록 유도하는 것이지요.

위와 같은 퀵 윈 과제의 성공이 반복되면 리더 스스로 자신감을 얻을 수 있고 주변의 신뢰도 높아지기 때문에, 다른 일을 추진하거나 더 큰 일에 도전할 때 구성원들의 좀 더 적극적인 참여와 지원을 기대할 수 있습니다.

퀵 윈 과제에 집중해야 하는 이유

이번에는 여러분이 연간계획을 세운다는 가정 하에 퀵 윈 과제의 개념을 다시 짚어보겠습니다. 연간계획은 크게 단기 추진과제와 중장기 추진과제로 구분할 수 있는데, 이때 단기 추진과제 중에서 중요도가 높은 것이 바로 퀵 윈 과제에 해당합니다.

이에 비해 중장기 추진과제는 일반적으로 시간, 비용, 인력, 이해관계 등의 여러 제약요소들이 걸려있는 경우가 많습니다. 이런 점을 고려하지 않고 이왕이면 큰 성과를 얻겠다는 욕심으로 장기 추진과제를 우선적으로 실행하면 시간은 시간대로, 자원은 자원대로 낭비하고 성과를 달성하지 못할 가능성이 큽니다.

따라서 우선은 제약요인들의 영향을 적게 받으면서 내가 노력하면 빠르게 달성할 수 있는 퀵 윈 과제(단기 성공과제)에 집중하는 것이 좋습니다. 즉, 다음 쪽 그림과 같이 계획한 일을 시작하는 초기에는 퀵 윈 과제에 70% 정도의 에너지를 집중하고, 퀵 윈 과제의 성공을 반복하여 자신감과 주변의 신뢰를 높인 이후에 중장기 추진과제를 추진하면 성공가능성을 월등히 높일 수 있습니다.

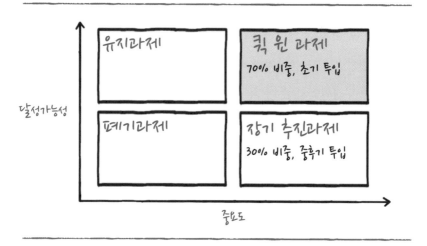

또한 위와 같이 일의 우선순위를 정할 때는 앞에서 설명한 '비통제-
통제' 사고패턴을 함께 고려하는 것이 좋습니다. 즉, 이 사고패턴을 이용
해 분석한 결과 현재 내가 통제할 수 없는 영역에 있지만 중요도가 높다
고 판단되는 일이라면 '장기 추진과제'로 설정하고, 중요도까지 떨어지
는 일이라면 과감하게 '폐기과제'로 설정하는 식이지요. 이런 식으로 여
러분의 계획이나 일의 우선순위를 분류해 보면 생각이 선명하게 정리되
면서 불안감 없이 해야 할 일들을 차례차례 추진해나갈 수 있습니다.

05

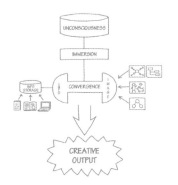

일을 계획할 때는 최악의
시나리오를 고려하라

낙관적인 사람들은 '긍정'이라는 강력한 무기가 있는 반면, 상황이 뜻하지 않게 급변하면 일순간에 멘탈이 무너지는 약점을 보일 때가 많습니다. 생각이 정지되면서 아무것도 못하는 상황에 빠지는 것이지요. 이와 관련해 20년 간 하버드경영대학원의 교수를 지낸 신시아 A. 몽고메리는 《당신은 전략가입니까》라는 책에서 잘나가는 기업 경영자의 상당수가 '슈퍼-경영자의 신화'와 같이 자신이 다 잘할 수 있다는 생각으로 일을 쉽게 보다가 한순간에 무너지게 된다고 이야기합니다. 쉽게 말해 '내가 통제할 수 없는 상황은 없다'라는 경영자의 믿음이 실패를 자초한다는 것이지요. 대표적으로 세계경제 호황기에 폭풍성장을 했던 대우그룹과 STX그룹이 각각 1998년에 닥친 IMF와 2007년에 몰아친 금융위기로 그룹이 해체된 사례를 들 수 있습니다. 만일 두 그룹이 상황을 지나치게 낙관적으로 판단하지 않고 위기에 미리 대비했다면 상황을 훨씬 잘 헤쳐나갈 수 있었을 것입니다.

최악의 상황을 가정해야 하는 이유

사람은 전지전능할 수 없습니다. 내가 통제할 수 없는 상황과 판이 존재한다는 사실을 인정하고, 상황을 무모할 정도로 낙관적으로 바라보는 사고를 경계할 필요가 있습니다. 따라서 우리는 어떤 계획을 세우든 긍정적으로 보이는 상황에 대해 이런 질문을 던져봐야 합니다.

'내가 계획한 일이 최악의 상황으로 진행된다면 어느 수준까지 달성할 수 있을까?'

즉, 일을 진행할 때는 항상 최악의 시나리오를 바탕으로 계획을 세워야 한다는 것입니다. 특히 스타트업 등의 사업을 새로 시작하는 단계에서 사업과 관련한 계획을 세우거나 의사결정을 할 때는 항상 위의 질문을 머릿속에 떠올려야 합니다. 스타트업의 90% 이상이 3년 이내에 망한다는 통계를 절대 무시해서는 안 됩니다. 나에게만 좋은 상황이 생길 것이라는 믿음은 머릿속에서 지워야 합니다.

위와 같이 어떤 계획이나 상황에 대한 결과를 미리 그려보는 것을 '시나리오사고'라고 합니다. 다음 쪽 표와 같이 최선, 보통, 최악이라는 3가지 시나리오를 토대로 그에 따른 달성수준과 대응방안을 구상해보는 사고법이지요.

이런 시나리오사고에서 제가 '최악의 시나리오'를 바탕으로 계획을 세우라고 한 이유는 이렇습니다. 최악의 시나리오를 가정했는데 최선이나 보통의 시나리오대로 간다면 더할 나위 없을 것이고, 설사 예측한대로

구분	달성수준	대응방안
최선		
보통		
최악		

최악의 상황으로 가더라도 심적으로 크게 흔들리지 않고 미리 세워놓은 대응방안을 실행할 수 있기 때문입니다.

성과를 얻기 위한 조건은 '가치-최악-2배의 시간'

'새로운 계획이나 사업을 추진하는 시점에 최악의 시나리오를 가정하는 것은 지나치게 부정적인 사고 아닐까요?'

당연히 이런 질문이 나올 수 있습니다. 하지만 현실이 그렇습니다. 현실을 인정하지 않으면 생각정리도 하기 어렵습니다. 저는 스타트업 대표들을 대상으로 강의할 때 다음 쪽 그림처럼 사업에 대한 성과가 나오기까지는 대부분 예상하는 시간보다 2배 이상 걸린다고 강조합니다.

내가 아무리 세상에 가치 있는 제품이나 서비스를 제공하더라도 시장에서 단기에 관심을 받을 가능성은 매우 낮습니다. 따라서 저는 스타트업 대표들에게 '여러분이 제공하는 가치가 분명하다면 일정, 자금, 인력 등의 측면에서 최악을 가정하면서 그 2배의 시간을 버텨야 한다'라고 강조합니다.

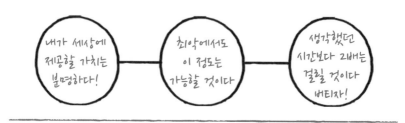

미래학 권위자인 존 나이스비트 교수는 《마인드 세트》라는 책에서 '기대했던 일은 언제나 더디게 일어나고, 우리의 예상은 언제나 속도위반을 한다'라고 이야기합니다. 실제로 상당수의 프로젝트가 80% 정도 진척되고 나서 나머지 20%를 완성하는 데 다시 80%의 시간이 걸리곤 합니다. 여러분도 항상 긍정적인 열정은 유지하되, 여러분의 계획이나 일에 대해 냉정하게 최악의 시나리오를 가정하고 생각보다 2배 더 걸린다고 생각해야만 평정심을 유지하며 버틸 수 있습니다.

저는 간혹 무의식적으로 자기중심적이거나 낙관적인 생각에 빠졌을 때 스스로에게 이런 조언을 합니다.

'인과법칙은 공정하다. 절대 나에게만 좋은 상황이 올 리가 없다! 반대로 절대 이유 없이 나만 괴롭힐 리가 없다!'

이 조언이 여러분이 같은 상황에서 평정심을 되찾는 데도 도움이 되기를 바랍니다.

7장

머릿속 생각을 구체화하는
기획력 높이기

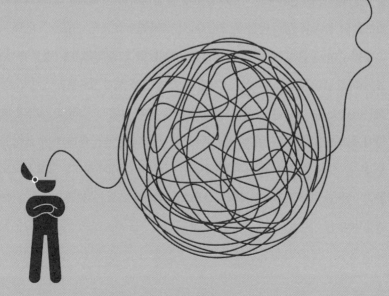

01

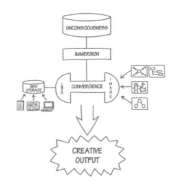

기획의 성공확률을 높이는 3가지 요소

　'기획력'은 직장인뿐만 아니라 무엇인가를 계획해서 추진하고자 하는 모든 사람들에게 필요한 역량입니다. 요즘 대세인 유튜브를 운영하더라도 채널을 기획하는 수준이 운영의 지속성은 물론이고 구독과 좋아요 수를 판가름하는 기준이 될 수 있습니다. 직장인이라면 당연히 기획역량이 스스로의 능력을 평가받는 중요한 척도가 되겠지요.

　여러분이 좋은 기획을 하고 싶다면 다음 쪽 그림과 같이 '정보충전', '현실파악', '욕구충족'이라는 3가지 요소에 집중해야 합니다. 반대로 이 3가지 요소 중 하나라도 빠지면 한쪽 바퀴가 빠진 자동차처럼 기획의 방향이 원하는 대로 흘러가지 않을 가능성이 큽니다. 3가지 요소의 특성들을 보면 결국 기획은 하나의 산출물인 동시에 생각정리 그 자체라고도 볼 수 있습니다. 그럼 이 3가지 요소에 대해 하나씩 구체적으로 살펴보겠습니다.

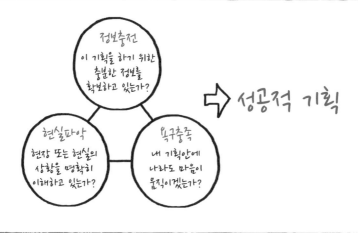

1단계 : 정보충전

　무턱대고 기획을 한다고 뛰어들면 오래도록 멍 때림의 시간을 보내야 할 수도 있습니다. 직장인이라면 워드프로세스나 파워포인트 프로그램을 열어놓고 모니터 화면만 하염없이 쳐다보는 상황이 만들어질 수 있습니다. 이런 상황이 생기는 이유는 간단합니다. 기획을 시작할 만한 정보가 부족하기 때문이지요. 요리재료도 없는 상태에서 멋진 요리를 만들겠다고 가스레인지의 불부터 켜놓는 셈이지요.

　기획의 1단계는 무조건 '정보충전'입니다. 즉, 기획을 시작하려면 일단 다음 질문에 자신 있게 'YES'라고 답할 수 있어야 합니다.

　'기획에 필요한 정보를 충분히 확보했는가?'

저도 책을 쓸 때마다 정보충전의 중요성을 절감합니다. 늘 새로운 책을 쓸 때면 이전 책과 유사한 내용을 썼다 지웠다 하기를 반복하며 진도를 나가지 못합니다. 그러다 어느 정도 시간이 흘러서 새로운 정보와 경험이 충전되고 나서야 글이 술술 나오기 시작하지요.

여러분이 기획을 할 때도 마찬가지입니다. 회사에서라면 과거 조직 내 유사자료나 동종업계 벤치마킹 자료를 찾아보고, 독서나 인터넷 검색 등 다양한 방식으로 기획에 필요한 정보를 충전하는 활동을 해야 합니다. 또한 이런 식으로 정보를 모을 때는 해당 정보의 출처, 즉 문헌정보나 웹 주소 등을 잘 스크랩해놓아야 합니다. 이것은 정보의 신뢰성을 확보하기 위해서이기도 하고, 출처 누락으로 인한 저작권 문제를 최소화하기 위한 작업이기도 합니다. 저의 경우 에버노트나 메모장에 기획 또는 연구주제와 같은 이름의 폴더를 만들어서 그곳에 지속적으로 정보를 모으고 있습니다. 이런 정보관리방법에 대해서는 8장에서 아주 자세히 설명하겠습니다.

2단계 : 현실파악

새로운 법 등이 국민의 현실과 맞지 않을 때 우리는 공무원들의 탁상행정을 비판합니다. 민생현장에 나가서 국민의 삶을 직접 들여다보지 않고 책상 위의 서류만으로 법을 만드는 행태를 꾸짖는 것이지요.

기획도 마찬가지입니다. 즉, 현장의 현실을 반영하지 않고 책상 위 서류만으로 기획을 진행하는 '탁상공론'이 되어서는 안 됩니다. 이런 기획은 앞뒤가 안 맞고, 실행했을 때 현장에서 냉담한 반응을 얻게 됩니다. 그래서 성공한 CEO일수록 '현장경영'을 강조합니다. 현장의 목소리를 듣지 않으면 조직을 엉뚱한 방향으로 끌고 갈 수 있기 때문이지요.

기획에 시장조사가 필요하다면 실제로 시장에서 물건이 사고 팔리는 모습을 눈으로 보고, 느끼고, 물어봐야 합니다. 조직의 제도를 만드는 기획이라면 그 제도의 적용을 받는 사람들을 만나서 기획방향에 대한 의견을 묻고 경청하는 과정이 필요합니다. 유튜브 채널을 기획한다면 자신이 생각하는 주제와 유사한 유튜브 채널들을 찾아 콘텐츠 구성, 댓글반응 등을 분석해보고, 필요하다면 직접 운영자나 고객들을 찾아가 인터뷰도 해봐야 합니다. 저의 경우 기획안을 작성할 때 아무리 급하더라도 간단한 티 미팅이나 전화 통화를 해서라도 현장의 의견을 듣거나 현재의 상황을 파악하는 절차를 반드시 거치곤 했습니다. 이러한 현장의 정보는 '현장의 여러 사람들이 각자의 관점에서 제공하는 생각 및 아이디어'라는 측면에서 '관점정보'라고도 할 수 있습니다.

탁상공론식 기획으로 만들어진 제도가 때로는 회사에 큰 악영향을 미칠 수도 있습니다. 예전에 필자가 일했던 회사에서 그런 사례가 있었습니다. 뛰어난 성과를 낸 팀이 인센티브제도에 걸려있는 비현실적인 단서조항 때문에 보상을 받지 못한 것입니다. 결국 그 팀 전체가 회사를 떠나 다른 경쟁사를 차림으로써 회사의 매출이 큰 폭으로 감소하고 말았습니다.

다시 한 번 강조하지만, 기획은 '현장 또는 현실의 상황에 대한 명확한 이해'를 바탕으로 이루어져야 합니다.

3단계 : 수요자의 욕구충족

대부분의 기획은 '사람의 심리나 마음을 움직이게 할 수 있느냐'가 성공의 가장 큰 변수가 됩니다. 이를 위해서는 기획과 관련된 사람들의 심리적인 욕구를 충족시켜줘야 하지만, 현실에서는 대부분의 사람들이 자신과 직접적으로 관련된 일이 아니라면 관심조차 보이지 않습니다. 따라서 기획을 할 때는 이런 2가지 질문에 대한 답을 심도 깊게 고민해봐야 합니다.

> ① 사람들의 마음을 움직이게 하려면 어떤 유인과 보상을 제공해야 할까?
> ② 그런 유인과 보상을 얻을 수 있다는 마음을 어떻게 갖게 할 것인가?

예를 들어 온라인 쇼핑몰 기획자가 고객들의 정보를 더 많이 확보하고자 하는 욕심으로 입력사항이 많은 회원가입 양식을 만들었습니다. 하지만 요즘처럼 상당수의 사이트들이 이메일계정과 패스워드만으로 회원가입이 가능하도록 한 상황에서 고객들이 그 많은 사항들을 입력해가며 흔쾌히 회원가입을 하려고 할까요? 게다가 그 많은 고객정보들이 과연 필요하기나 할까요? 결국 사족 같은 정보에 대한 욕심 때문에 정작 간편한 회원가입을 선호하는 고객들의 심리는 읽지 못하는 오류가 생긴 것이지요.

대기업에서 산출되는 기획안에서도 이런 오류들이 많이 발생합니다. 전문 컨설턴트에 버금갈 정도로 엄청나게 정밀한 논리로 작성된 파워포인트 문서들만 보면 '세계정복'도 가능할 듯합니다. 하지만 정작 그런 기획안들의 성공확률은 채 5%가 되지 않습니다. 90%가 넘는 기획안이 실패하는 이유는 무엇일까요? 그런 기획에는 '고객의 마음이 내가 기획한 대로 움직여줄 것이다'라는 기획자의 오만함이 반영돼 있기 때문입니다.

여러분이 이런 오류를 겪지 않으려면 사람들의 욕구를 충족시킬 수 있는 또는 심리적으로 움직이게 할 수 있는 실질적인 방법을 고민해야 합니다. 이와 관련해 사람들의 욕구와 두려움을 파악하는 방법에 대해서는 3장의 내용을 다시 한 번 읽어보기를 바랍니다.

'내 기획안에 나라도 마음이 움직이겠는가?'

기획을 할 때는 이 질문에 대한 답이 머릿속에 선명하게 떠올라야 합니다.

02

생각을 한마디로 정리해보기

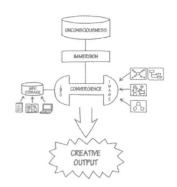

여러분이 스스로 생각정리가 잘 됐는지를 확인해볼 수 있는 질문이 있습니다. 바로 이런 질문입니다.

'그래서 한마디로 요약하면 뭐라고 할 것인가?'

머릿속에서 논리적으로 정리한 생각들을 한마디로 요약할 수 있는지를 묻는 것이지요. 이 질문에 답하지 못한다면 정보들이 논리적으로 구성은 돼 있지만 완벽한 '생각정리단계'에는 이르지 못했다고 할 수 있습니다.

세계적인 컨설팅기업인 맥킨지에는 '엘리베이터 테스트'라는 규칙(rule)이 있습니다. 고객사의 경영진과 엘리베이터를 함께 타고 내려가는 30초 동안 그 경영진을 설득할 수 있는지를 테스트하는 것입니다. 이것이 안 되면 그 컨설턴트가 스스로의 논리를 완벽하게 이해하지 못했거나 정리하지 못했다고 판단하게 됩니다.

사실 자신의 생각을 단 한마디로 정리하기가 쉽지는 않습니다. 저 역시 직장생활 초기에는 이런 훈련이 돼 있지 않아서 곤란한 상황을 많이 겪었습니다. 그 당시 한 성격 급한 상사가 있었는데, 제가 보고서를 가져가면 낚아채듯 받아서 막 넘겨보고는 이렇게 묻곤 했습니다.

"그래서 뭐 하자는 건데?"

처음에는 당황해서 대답을 얼버무리다 혼쭐이 나기도 했습니다. 논리적으로 잘 짜인 보고서만 믿고 들어갔다가 기습적인 질문에 보기 좋게 당한 것이지요. 저는 그런 경험을 몇 번 하고 나서 첫 메시지에서 결론을 이야기하는 훈련을 많이 했습니다. 예를 들면 이런 식입니다.

> ∨ 금번 조사결과 서비스 장애의 핵심원인이 시스템 구조의 복잡성으로 밝혀졌는데, 이 문제를 해결할 전문가가 현재 회사에 없습니다.
> ∨ 따라서 우선 타깃 리쿠르팅을 통해 업계에서 경험이 풍부한 시스템 구조 전문가를 확보할 필요가 있고, 두 번째로 시스템 구조 개편 전까지는 장애전파체계를 구축하여 장애대응시간을 최소화할 필요가 있습니다.
> ∨ 보고서 3페이지에 이에 대한 종합적인 현황과 대안을 정리해놓았습니다.

완벽한 생각정리를 위해서는 여러분도 이런 식으로 핵심만 이야기하는 훈련을 해야 합니다. 자신의 생각이나 의견을 한마디로 정리하고, 그에 따른 해결방안을 최대 3가지 정도로 압축해보는 식이지요. 나머지 부연적인 설명은 보고서나 제안서 등의 관련 자료로 제시하면 됩니다.

03

생각을 논리적인
글로 정리해보기

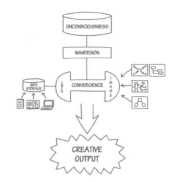

이번에는 여러분의 생각을 말이 아닌 글로 정리하는 방법에 대해 알아보겠습니다. 제안서, 사업계획서, 보고서 등 논리적 구조가 필요한 글을 써본 사람이라면 생각을 글로 정리하기가 상당히 어렵다는 사실을 알고 있습니다.

논리적 글쓰기를 처음 해보는 사람이라면 목차를 잡는 단계부터 막막함을 느끼게 됩니다. 여기에 각 목차 항목별로 논리를 완벽하게 정리해 가며 글을 쓰려고 욕심을 내다 보면 글 쓰는 속도는 더욱 더뎌질 수밖에 없습니다. 이럴 때는 지금부터 설명하는 대로 이메일을 쓰듯 빠르게 초안을 도출하는 방식이 도움이 될 수 있습니다.

3W1H 콘셉트 도출법

일단 글의 세부적인 구성에 따른 질문을 던져봅니다. 가장 많이 활용되는 질문방식은 흔히 육하원칙이라고도 불리는 '5W1H'입니다. 왜(WHY), 무엇을(WHAT), 어떻게(HOW), 누가(WHO), 언제(WHEN), 어디서(WHERE)라는 6가지 질문에 대한 답을 순차적으로 도출함으로써 글을 완성하는 방식이지요. 여기서는 이 6가지 질문을 좀 더 압축한 '3W1H' 방식을 활용해 더 빠르게 초안을 도출하는 방법에 대해 알아보겠습니다.

① WHO

'누가 최종 소비자 또는 고객인가?', '그들의 욕구와 두려움은 무엇인가?'를 묻는 질문입니다. 글을 쓰기 위한 최초의 질문이 'WHO'여야 하는 이유는 여러분이 보고서를 쓰든, 신제품 개발이나 제도개선을 위한 기획서를 쓰든, 그 내용에 대한 최종적인 사용대상이 누구인지가 명확해야 하기 때문입니다. 그 대상들이 무엇을 원하고 무엇을 두려워하는지를 분석해야만 좋은 콘셉트를 도출할 수 있습니다.

② WHY

'왜 이 일을 계획하며, 어떤 가치가 있는가?'를 묻는 질문입니다. 일반적으로 계획하는 일의 '목적'을 기술하면 됩니다. 이 부분이 모호하면 콘셉트 전체가 흔들릴 수 있다는 점에서 매우 중요한 질문에 해당합니다.

③ WHAT

앞에서 이야기한 '한마디로 무엇을 하자는 것인가?'를 묻는 질문입니다. 즉, 자신이 계획하는 일의 핵심이 무엇인지를 기술해봅니다.

④ HOW

'구체적으로 어떻게 할 것인가?'를 묻는 질문입니다. 지금까지 위의 질문들을 통해 도출한 내용들을 실현하기 위해 일정, 장소, 비용, 일의 순서 등을 어떻게 활용할지를 구체적으로 기술합니다. HOW가 모호하면 콘셉트의 진정성(신뢰성)이 흔들리므로 최대한 구체적으로 기술해야 합니다. 이때 '5W1H'에서 제외했던 'WHEN(언제)'과 'WHERE(어디서)'는 HOW의 하위항목으로써 기술하면 됩니다.

지금까지 설명한 3W1H의 구조를 그림으로 나타내면 다음과 같습니다.

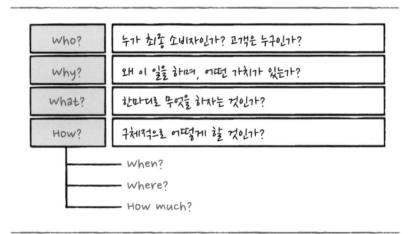

앞서 이야기했듯이 계획이든 일이든 80% 수준까지는 빠르게 달성하는 경우가 많습니다. 문제는 나머지 20%를 달성하는 데 다시 80%의 시간이 투입된다는 데 있습니다. 이 20%를 완성하는 속도를 높이기 위해서는 초안을 최대한 빨리 도출한 다음 여러 사람에게서 다양한 관점의 비평을 받아 콘셉트를 다듬어나가야 합니다. 또한 이처럼 글을 쓰는 과정에서 다양한 관점이 더해져야만 콘셉트나 기획안의 성공가능성을 크게 높일 수 있습니다.

1페이지 보고서 작성법

이번에는 직장인들을 위해서 '효과적인 보고서 작성방법'에 대해 알아보겠습니다. 특히 보고서는 생각을 명확히 정리하지 못해서 내용이 장황해질수록 좋은 결과를 얻기 힘들다는 사실에 유의해야 합니다. 《ONE PAGE PROPOSAL》를 저술한 패트릭 G. 라일리는 세계 최고 갑부 중 하나인 애드넌 카쇼키에게 수십 장에 달하는 제안서를 제출했다가 '의사결정을 할 수 있는 자리에 있는 사람 치고 한 쪽 이상을 읽을 시간이 있는 사람은 많지 않다'라는 충고를 듣고 나서 1쪽짜리 제안서(one page proposal)를 연구하기 시작했다고 합니다.

여러분도 마찬가지입니다. 너무나 바쁜 여러분의 상사는 장황한 보고서를 읽을 여유가 없습니다. 상사의 눈길을 끌고 설득하려면 여러분의 생각과 주장을 1~2쪽의 보고서로 정리해야 합니다. 여기서는 여러분이 그런 보고서를 작성하기 위해 반드시 고려해야 하는 사항들을 간략하게 정리해보겠습니다. 보다 자세한 내용은 제가 쓴《누구나 탐내는 실전 보고서》를 참조하기 바랍니다.

① 보고서가 최종적으로 소비되는 장면을 리얼하게 상상하라

가장 중요한 원칙은 자신이 만든 보고서가 최종 소비자(결재권자 등)에게 소비되는 장면을 구체적으로 상상하면서 작성해야 한다는 것입니다. 즉, 내 관점이 아닌 최종 결재권자의 성향, 경험, 연령, 원하는 것과 두려워하는 것을 고려하여 최종 결재권자가 쉽게 이해할 수 있는 단어를 사용해서 간단명료하게 작성해야 합니다.

② 현상-원인-대안의 3단계 구조를 반영하라

현상으로 드러난 문제의 근본원인을 분석하여 그에 대한 대안을 반영해야 합니다. 이때 근본적인 원인분석 없이 현상 자체를 문제로 인식하여 임기응변식 해결책을 제시하지 않도록 유의합니다.

③ 핵심내용을 간략하게 기술하고 나머지는 다 첨부로 빼라

배경, 현황요약, 원인분석, 대안 등의 핵심내용을 1~2쪽 내외의 보고서 본문으로 구성합니다. 그리고 본문내용과 관련하여 최종 결재권자가 물어볼 만한 내용이나 구체적인 데이터 등은 과감히 첨부자료로 뺍니다. 이때 첨부자료의 양은 많아도 괜찮습니다.

④ 나라도 해볼 마음이 들 정도의 대안을 구체적으로 제시하라

원인분석에 따라 도출하는 대안은 보고서 작성자 자신도 해볼 마음이 들 정도로 현실적이고 구체적이어야 합니다. 작성자 본인조차 확신하지 못하는 대안은 상상의 대안일 뿐입니다.

⑤ 서술과 표 등을 적절히 조화롭게 배치하라

서술 식으로만 구성된 보고서는 가독성이 떨어집니다. 따라서 서술 식 내용 중간중간에 표나 그래프를 적절히 삽입하여 보고서의 가독성을 높여야 합니다.

⑥ 문장을 세심하게 다듬어라

문장을 얼마나 깔끔하게 다듬느냐가 보고서의 수준을 결정합니다. 이를 위해서는 최종 결재권자 입장에서 중요하지 않은 내용은 과감하게 줄이고, 반대로 작성자 본인은 알고 있지만 최종 결재권자는 모르는 내용은 쉽게 풀어써야 합니다. 특히 불필요한 조사, 수식어 등이 포함되지 않도록 유의해야 합니다.

04

생각을 장문의 글로
정리하는 효과적인 방법

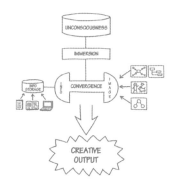

때로는 여러분이 생각정리를 통해 기획한 내용을 논문 등 장문의 글이나 책으로 구성해야 할 때가 있습니다. 이런 경험이 처음이라면 모든 것이 막막할 수밖에 없습니다. 목차는 어떻게 구성해야 할지, 목차별로 어떤 글을 어떤 식으로 채워야 할지에 대한 감이 잡히지 않기 때문이지요. 이럴 때 도움이 되는 방법을 소개하겠습니다.

체험-개념정리-교훈 패턴

철학자 칸트는 '직관(체험)없는 개념은 공허하고, 개념 없는 직관(체험)은 맹목적이다'라고 했습니다. 체험과 개념이 함께 있어야 내가 주장하고자 하는 논리가 명확해진다는 의미입니다. 지금부터 이야기하는 '체험-개념정리-교훈 패턴'은 이런 칸트의 주장을 응용한 글쓰기 방식입니다. 즉, 여러분의 경험과 정보수집을 통해 찾은 각종 사례들을 '체험'으로 구성하고, 그 사례들에서 공통적으로 뽑아낼 수 있는 '개념'을 정리한 뒤 그에 따라 글을 읽는 대상자들이 얻을 수 있는 '교훈(또는 이익)'을 정리하면 하나의 완성된 글을 만들 수 있습니다. 여기에 글에 대한 관심을 좀 더 유발할 수 있도록 '질문-체험-개념정리-교훈' 4단계 패턴을 활용하는 것도 좋습니다.

다음 표의 내용은 제가 '체험-개념정리-교훈' 패턴에 따라 '창의력'에 대한 글을 정리한 사례입니다.

주제	코페르니쿠스의 지동설 발견과 창의력
체험 (사례, 인용)	누군가 뛰어난 발상으로 창의적인 것을 만들어냈을 때 사람들은 흔히 '코페르니쿠스적 발상의 전환'이라고 비유하곤 한다. 그만큼 코페르니쿠스가 중세시대의 핵심사상이었던 '태양이 지구 주위를 돈다'는 천동설을 뒤엎고 '지구가 태양 주위를 돈다'는 지동설을 주장한 것이 엄청난 발상의 전환이었다고 평가하는 것이다. 일반적으로 사람들은 이런 코페르니쿠스의 지동설을 두고 그전까지 없었던 전혀 새로운 것을 발견했다고 생각한다. 하지만 윌리엄 더건 교수는 《제7의 감각-전략적 직관》이라는 책에서 코페르니쿠스가 기존의 것을 '새롭게 조합함으로써' 새로운 발견을 이루어냈다고 주장한다. 더건 교수가 말하는, 코페르니쿠스가 새롭게 조합했다는 기존의 것 3가지는 다음과 같다. ① 기원전 230년경에 죽은 유명한 그리스 천문학자 아리스타르코스가 처음 주장했던 지구가 태양 주위를 돈다는 아이디어 ② 프톨레마이오스시대 이래로 천문학자들이 수집해왔던 천체 관찰 데이터 ③ 당시 눈부시게 발전한 삼각함수를 적용

개념정리	실제로 우리가 창의적 또는 창조적이라고 표현하는 것들의 상당수가 더 건 교수의 주장처럼 기존의 있던 것들을 새롭게 조합함으로써 만들어진다. '휴대폰+카메라+컴퓨터'의 조합으로 스마트폰을 만들어낸 것처럼 기존의 것을 어떻게 재조합하느냐에 따라 새로운 혁신을 이룰 수 있는 것이다. 이를 두고 공자는 '온고이지신(溫古而知新, 옛 것을 연구해 새것을 안다)'이라고 했다.
교훈	사람의 지혜도 결국 과거의 것들을 재조합하는 과정에서 발휘된다. 코페르니쿠스의 사례나 공자의 조언은 과거의 것에서 배우고 학습하는 것이 중요하다는 사실을 잘 설명해주고 있다.

위와 같이 체험-개념정리-교훈 패턴으로 글을 정리할 때 각 단계별로 적절한 비중은 다음과 같습니다.

- 체험(인용) : 50~60%
- 개념정리 : 20~30%
- 교훈 : 10~20%

목차를 쉽게 구성하는 방법

이번에는 목차를 쉽게 구성하는 방법에 대해 알아보겠습니다. 목차구성의 핵심은 상위레벨의 목차와 하위레벨의 목차를 구조화하는 데 있습니다. 이런 구조화 작업은 노트에 적으면서 정리하는 방식보다는 관련 도구(tool)를 활용하는 방식이 훨씬 효율적입니다. 대표적으로는 마인드맵을 많이 활용하는데, 제 경험상 많은 사람들이 마인드맵 활용을 어려위하는 경향이 있어서 여기서는 다른 2가지 도구를 소개하겠습니다.

① 워크플로위(workflowy)

PC나 스마트폰에서 쉽게 활용할 수 있는 구조화도구로서 사용방법이 매우 간단하다는 장점이 있습니다. 일단 프로그램을 이용할 수 있는 사이트(www.workflowy.com)에 들어가서 이메일 주소와 패스워드를 등록해서 회원가입을 하면 목차를 입력할 수 있는 화면이 나옵니다. 이 화면에 여러분이 생각하는 목차를 쭉 나열하고 나서, 드래그 방식으로 각 목차를 상위레벨 또는 하위레벨로 옮겨주면 다음 그림과 같이 목차를 구성할 수 있습니다. 참고로 해당 그림은 구글플레이스토어에서 워크플로위 앱을 다운로드받아 스마트폰으로 목차구성을 한 사례입니다.

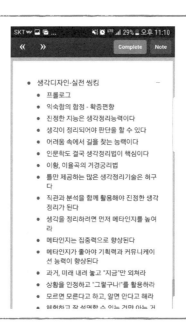

이런 식으로 기본적인 목차구성을 해놓은 다음 글을 쓰는 과정에서 목차를 추가하거나 기존 목차의 내용이나 레벨을 수정하면 됩니다.

② MS워드 - 스타일 및 탐색창

두 번째로 많이 활용되는 목차 구조화도구는 MS워드입니다. MS워드에서 목차를 구성하려면 다음 그림과 같이 목차로 잡을 텍스트를 선택해서 상단 홈 메뉴에 있는 스타일 중 해당 텍스트에 대한 목차단위(제목 1, 제목 2, 제목 3…)를 정해 클릭합니다. 참고로 각 목차 스타일에서 마우스 오른쪽 버튼을 클릭하고 '수정'을 선택하면 해당 스타일의 글꼴 등을 여러분이 원하는 대로 수정할 수 있습니다.

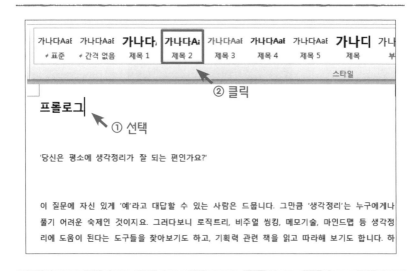

이런 식으로 작성하는 글의 단위별 목차를 스타일로 지정한 다음 '보기' 메뉴에 있는 탐색창 항목을 선택하거나, 'Ctrl+F'를 눌러 탐색창을 열어보면 다음 그림과 같이 단위별 목차가 자동으로 정렬된 형태를 확인할 수 있습니다.

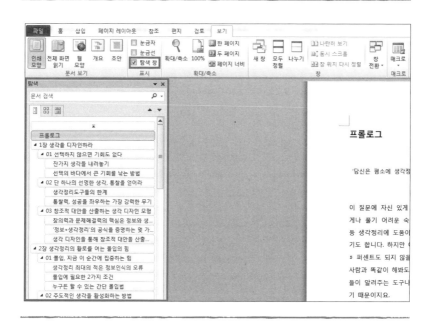

목차의 순서나 일부 목차의 위치를 수정하고 싶다면 탐색창에서 해당 목차를 마우스로 드래그해서 원하는 부분으로 옮기면 됩니다. 이러면 해당 목차에 해당하는 본문내용은 물론 하위단위 목차의 내용까지 일괄적으로 이동하기 때문에 편집하기가 매우 수월합니다.

구조화한 목차에 내용 끼워 넣기

위와 같이 구조화도구를 이용해서 목차를 구성하고, 위에서 설명한 체험-개념정리-교훈 패턴을 이용해 작성한 내용을 각 목차항목에 끼워 넣으면 장문의 글을 비교적 수월하게 쓸 수 있습니다.

이때 본문내용을 목차순서대로 기술하면 좋겠지만, 일반적으로는 정보가 충분히 쌓여있는 내용이나 중요한 내용을 먼저 쓰는 경우가 많습니다. 이런 경우 먼저 쓴 내용에 대한 목차에 사선을 하거나 색칠을 해서 해당 부분의 기술이 완료됐음을 표시해놓습니다. 이러면 자연스럽게 프로젝트 관리가 되고, 빈 항목들을 하나씩 채워나가는 재미와 의욕도 생겨서 글쓰기의 생산성을 높일 수 있습니다. 특히 전체 글 중에서 50% 이상이 진행됐을 때부터는 일반적으로 작성속도가 급격히 빨라지게 됩니다.

8장

누구나 따라할 수 있는
정보수집과 활용비법

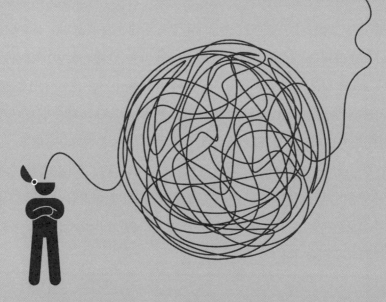

01

나만의 정보저장소
만들기

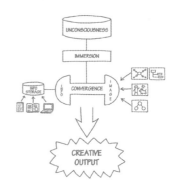

　앞에서 계속 강조했듯이 생각정리의 가장 기본적인 요소는 '정보'입니다. 특히 다양한 분야에서의 양질의 정보를 얼마나 많이 확보하느냐가 생각정리의 중요한 관건이 됩니다. 이와 관련하여 여러분에게 하고 싶은 말은 '너무 새롭고 차별화된 정보를 얻으려고 시간과 에너지를 낭비하지 말라'는 것입니다. 창의적인 발상이나 창조적 대안은 차별화된 정보에서 나오기 보다는 기존의 정보를 머릿속에서 새롭게 재조합(생각정리)하는 과정에서 나오는 경우가 많기 때문입니다. 그래서 저는 창의력 관련 강의를 할 때, 창의적 발상을 시도할 때는 맨땅에 헤딩하듯 하지 말고 다른 사람들이 쌓아놓은 토대(정보) 위에서 시작하라고 강조합니다.

　그런데 여러분이 아무리 좋은 정보를 수집했더라도 그것을 제때 꺼내서 활용하지 못하면 정보축적의 의미가 반감됩니다. 따라서 언제든 자신이 확보한 정보를 찾아서 활용할 수 있도록 '나만의 정보저장소'를 구축할 필요가 있습니다.

정보를 유기적으로 연동시키는 방법

정보저장소를 구축하는 가장 좋은 방법은 다음 그림처럼 컴퓨터, 클라우드 저장소, 클라우드 메모장, 오프라인 노트를 유기적으로 연결시켜놓는 것입니다.

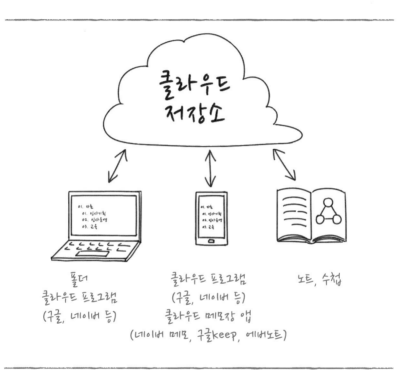

어디서든 내 PC의 정보파일 폴더를 활용할 수 있도록 클라우드 저장소와 연동하고, 스마트폰의 클라우드 메모장과 오프라인 노트를 종합적으로 활용하여 정보를 관리하는 방법이지요.

이런 식으로 정보저장소를 구축하려면 먼저 내 PC의 폴더부터 체계적으로 관리해야 합니다. 폴더를 체계적으로 정리할수록 내가 필요한 정보를 제때 검색하거나 확인하기가 쉬워지기 때문입니다. 특히 폴더를 정리할 때는 여러분이 정렬하고 싶은 순서에 맞춰 폴더명 앞에 '01., 02., 03., …' 식의 번호를 붙여놓는 것이 좋습니다. 그렇지 않으면 일반적으로 폴더들이 가나다 순이나 최근 사용일자 순으로 정렬되기 때문에 매번 폴더의 정렬순서가 뒤바뀌게 됩니다. 반면에 위와 같이 상·하위 폴더단위별로 번호체계를 만들어놓으면 원하는 정보를 찾아서 활용하기가 훨씬 편리해집니다. 다음 그림은 제가 수년 간 모아놓은 인사분야 정보들을 이와 같은 방식으로 체계화한 사례입니다.

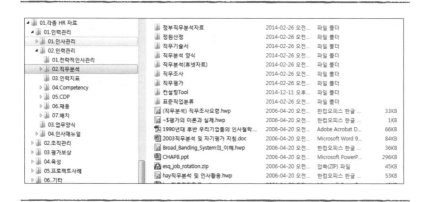

이렇게 체계적으로 정리한 폴더를 구글 드라이브나 네이버 클라우드 등에 연동해놓으면 언제 어디서든 PC, 스마트폰, 탭북을 이용해서 필요한 정보를 검색하거나, 내용을 추가하고, 파일을 전송할 수 있습니다.

지금까지 설명한 방식대로 나만의 정보저장소를 구축하는 데는 다소의 시간이 걸릴 수 있습니다. 내가 가진 정보들을 어떤 기준으로 모아서 어떤 폴더에 정리할지, 어떤 시스템으로 정보들을 연동해서 사용해야 효율적일지 등을 결정해야 하기 때문이지요. 하지만 일단 이런 식으로 정보저장소의 체계를 구축해놓으면 지속적으로 그 효과를 실감할 수 있습니다.

02

1년에 50권 읽기가 가능해지는 독서비법

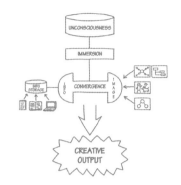

어쩌다보니 지금까지 12권의 책을 냈지만, 저는 책을 쓸 때마다 상당한 정신적인 고통을 받습니다. 하나의 주제로 한 권 분량의 깊이 있는 글을 쓰기가 만만치 않기 때문이지요. 글을 쓰다가도 스스로 명확하다고 확신하지 못하는 내용들을 쳐내다 보면 실제로 남는 글이 절반이 안 될 때도 많습니다. 제가 이 정도라면, 세계적인 저작물을 쓴 작가들이 느낀 고통은 상상하기조차 어렵겠지요.

제가 굳이 개인적인 고충까지 밝혀가며 이런 말을 하는 이유는, 책은 작가가 글 쓰는 고통을 감내해가며 스스로의 경험과 그를 통해 얻은 정보, 생각, 깨달음을 체계적으로 정리한 결과물임을 강조하기 위해서입니다. 달리 말하면 여러분이 체험해보지 못한 경험과 정보, 깨달음 등을 습득하는 데 있어서 책만큼 훌륭한 도구가 없다는 것이지요.

그런데도 요즘 사람들은 스마트폰 등으로 짧은 글들을 읽는 데 익숙해져서 책을 멀리하는 경향이 있습니다. 물론 이런 식의 글 읽기로도 정보의 습득량은 늘어나겠지만, 책을 읽었을 때만큼의 체계적이고 깊이 있는 정보를 얻기는 어렵습니다. 최첨단 IT 분야에서 놀라운 업적을 달성한 빌 게이츠, 스티브 잡스, 마크 저커버그가 모두 독서광이었다는 사실을 간과하면 안 됩니다. 스티브 잡스가 애플의 방향성을 과학기술과 인문학의 접점에서 찾았듯이, 그들은 책을 통해 수많은 전문적 경험과 정보들을 체계적으로 학습함으로써 미래의 생존과 성장을 위한 통찰을 얻었던 것이지요. 4차 산업혁명에 의해 로봇과 인공지능기술이 발달할수록 인간만이 가질 수 있는 능력인 통찰력의 중요성은 더욱 부각될 수밖에 없습니다. 이것이 우리가 책 읽기를 단순한 습관이 아닌 미래 생존을 위한 하나의 능력인 '독서력'으로 생각해야 하는 이유입니다.

정독의 욕심을 버리고 대충 보기

책 읽기를 꺼려하는 사람들에게서는 대부분 이런 공통점이 발견됩니다. 처음에는 독서습관을 들이겠다는 마음을 먹고 책을 사거나 빌려옵니다. 그런데 책을 펼쳐 머리말과 앞부분을 정독하다 보면 슬슬 눈이 감기고 어느 순간 책을 덮어버립니다. 그다음에도 이런 과정을 몇 번 반복하다가 결국 책 읽기 자체를 포기하게 되는 것이지요.

이런 경우에 제가 제안하는 효과적인 책읽기 방식이 있습니다. 바로 '대충 보자'입니다. 즉, 책을 처음부터 끝까지 정독하겠다는 욕심을 버리고 책장을 슬렁슬렁 넘기다가 눈길을 확 끄는 내용이 있으면 그곳부터 읽는 방식을 말합니다. 책 후반부의 에필로그(맺음말)를 먼저 읽어도 좋습니다. 에필로그에는 작가가 결론적으로 하고 싶은 주장이 요약돼 있으므로 그것만으로도 충분히 가치 있는 정보가 될 수 있습니다. 이런 방식을 활용하면 1주에 1~2권의 책을 무난하게 볼 수 있습니다. 이와 같은 독서법을 정리해보면 다음과 같습니다.

① 읽고 싶은 책을 선택한다. 이때 주제는 다양할수록 좋다.

② 목차를 보고 제일 중요하다고 생각되거나, 끌리는 내용을 찾는다.

③ 그 부분을 펼쳐서 집중적으로 읽는다.

④ 읽고 나서 가장 좋았던 대목을 스마트폰이나 PC에 기록해놓는다. 이때 서적정보와 해당 페이지, 읽은 날짜를 기록해놓는 것이 좋다

흥미로운 사실은 이런 방식으로 중요한 대목을 왔다 갔다 하면서 읽다 보면 자신도 모르게 책 내용을 빠짐없이 다 읽게 되는 경우가 많다는 것입니다.

정보의 품질을 높이는 주제중심 독서법

빠른 시간에 좀 더 체계적인 정보를 얻는 독서법이 있습니다. 바로 '주제중심 독서법'입니다. 보통 사람들은 한 권의 책에서 자신이 생각하는 주제에 대한 모든 정보를 얻으려는 경향이 있습니다. 예를 들면 역사적 인물에 대한 정보를 그 인물의 일대기를 포괄적으로 다룬 위인전 한 권에서 모두 얻으려는 식이지요. 하지만 이런 식의 단편적인 책 읽기로는

명확하고 체계적인 정보를 얻지 못합니다.

이에 비해 주제중심 독서법을 활용하면 보다 다양한 관점에서 원하는 정보를 깊이 있게 수집할 수 있습니다. 주제중심 독서법은 책을 통해 얻은 정보를 토대로, 링크를 타고 웹 서핑을 하듯 그 정보를 계속 추적해나가는 방식을 말합니다. 예를 들어 '세종대왕'에 대한 정보를 얻고 싶다면, 이런 식으로 추적해나갈 수 있습니다.

- 세종대왕의 전기를 읽는다.
  ┗ 세종의 리더십, 국가경영 철학 등을 다룬 다른 책들을 찾아서 중요한 부분을 읽는다.
  ┗ 국사편찬위원회 사이트 내 조선왕조실록에서 세종시대의 주요 신하들과 관련된 대화나 업적을 검색한다. 검색결과에서 해당 내용들이 실록에 어떻게 기록돼 있는지 확인한다.

이런 식으로 하나의 주제를 가지고 관련 정보를 계속해서 추적해나가다 보면 그 주제에 대한 깊이 있는 정보를 하나하나 쌓아나갈 수 있습니다. 책 한 권만 읽어서 얻게 되는 정보의 모호함을 걷어낼 수 있는 것이지요. 이렇게 축적된 정보가 자신의 경험과 다른 분야의 정보들과 융합되면서 생각을 명확하게 정리할 수 있게 되는 것입니다. 이런 식으로 정보를 폭넓고 체계적으로 얻는 노력을 거듭하다 보면 어떤 주제이든 관련 전문가와 대화를 나눌 정도의 지식을 갖추게 됩니다.

요즘에는 다행히도 지역마다 도서관이 잘 갖춰져 있고 책이음 회원으로 등록하면 전국 모든 도서관에서 책을 편하게 빌려볼 수 있습니다. 여러분이 특정 주제에 대한 정보를 얻기 위해 책을 여러 권 구입해야 하는 부담을 줄일 수 있는 환경이 갖춰져 있는 것이지요. 도서관에 가서 그 주제에 대한 거의 모든 책을 찾아서 대략적으로 훑어보면서 중요한 대목만 정독하면 빠른 시간에 상당한 정보를 축적할 수 있습니다.

정보의 활용도를 높이는 독서카드 만들기

책에서 좋은 정보를 얻었다면 그것을 꼭 기록으로 남겨두는 것이 좋습니다. 독서카드를 만들어서 활용하든, 독서노트형 앱을 활용하든 여러분이 사용하기 편한 다양한 방식으로 책에서 얻은 정보들을 기록하면 됩니다.

저는 앞 쪽의 그림과 같이 에버노트를 이용해서 독서카드를 작성하고 있는데, 구글keep이나 네이버 메모로도 이런 작업이 가능합니다. 이와 같이 에버노트를 이용해서 독서노트를 작성하고 태그를 '서양철학'으로 달아놓으면 앞의 그림처럼 서양철학에 관해서 읽은 책들의 목록이 만들어집니다.

이런 식으로 독서카드를 작성할 때 기본적으로 기록해야 할 사항들은 다음과 같습니다.

① 독서카드의 제목은 나중에 책을 검색하기 좋게 저자, 도서명, 번역자, 출판사, 출간연도로 기록한다.
② 중요한 내용이나 인상 깊은 구절들을 기록한다.
③ 나중에 인용하기 좋도록 ②의 구절이 나오는 쪽 번호를 기록한다.
④ 자신의 의견을 달고 싶은 경우 위의 내용들과는 다른 색을 이용해서 기록한다.
⑤ 종이로 된 독서카드의 내용은 스마트폰 스캔 앱 등을 활용해서 이미지로 만든 후 업로드한다. 이때도 독서카드의 제목은 ①과 동일하게 작성한다.

위의 방법을 활용해서 실제 독서카드를 작성해보면 다음과 같습니다.

콘스탄티노스 C. 마키데스, 《위대한 기업으로 가는 전략지도》, 송경근 역. 한언. 2004.

새로운 전략적 포지션은 끊임없이 나타난다. 새로운 전략적 포지션이란 단순히 하나의 새롭게 있을 법한 '누구에게/무엇을/어떻게'–새롭게 세분화된 고객(새로운 누구에게), 새로운 가치 명제(새로운 무엇을), 또는 어떤 제품을 생산해서 유통시키는 새로운 방식(새로운 어떻게)–조합이다. 시간이 지나면 새로운 포지션을 놓고 각축을 벌이는 경쟁자(선수)들이 현상–한때 자신들의 독특한 포지션이었던 곳에 도취할 정도로 성장한 회사들–에 도전하기 위해 일어나게 된다. p.35

그러한 회사들은 모두 자신들의 게임에서 이미 확립된 체제에 대항하여 이기려고 애를 쓴 것이 아니라 게임의 규칙들을 위반함–이미 자리를 잡은 경쟁자들이 점유하고 있는 포지션과는 완전히 색다른 전략적 포지션을 스스로 창출함–으로써 성공하게 되었다. 그러한 모든 성공적인 공격들의 공통적인 요소는 새롭고도 독특한 전략적 포지션의 창출, 즉 전략적 혁신이다. p.41

▶ 많은 기업들이 기존의 방향성을 바꾸지 못해서 어려움을 겪는다. 기존에 잘 하던 방식에서 약간 더 잘 하려는 방식만으로는 새로운 전략과 방식으로 경쟁하는 신생기업을 이길 수 없다.

통신회사가 카카오톡이나 라인과의 경쟁에서 어려움을 겪고 있고, 향후 자동차회사가 전기차회사와의 경쟁에서 어려움을 겪을 수 있듯이, 이미 시장에서 완전히 자리 잡은 기업에게서 변화를 기대하기는 쉽지 않아 보인다. 그런 변화를 가능하게 하는 것이 바로 진정한 혁신과 전략일 것이다.

이런 식으로 독서카드를 작성하다 보면 나름의 재미와 성취욕을 느껴서 독서에 대한 더 큰 동기부여를 얻을 수 있습니다.

03

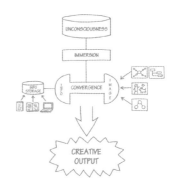

최고의 정보는 사람의
머릿속에 있다

회사에서 프로젝트를 진행할 때 외부 전문가들을 초빙해서 의견을 듣는 경우가 있습니다. 이런 자리에서 유심히 관찰해 보면 '뭐 저런 거까지 물어보나'라는 생각이 들 정도로 열심히 질문하는 팀원이 있는 반면, 미팅 내내 초지일관 꿀 먹은 벙어리마냥 입을 꾹 다물고 있는 팀원도 있습니다. 전자는 아는 것이 너무 없어서, 후자는 모르는 것이 하나도 없어서 그런 걸까요? 제 경험상으로는 그 반대인 경우가 많습니다. 전자는 자신이 모르는 부분을 정확히 알기 때문에 질문을 많이 하는 것이고, 후자는 자신이 무엇을 모르는지도 모르기 때문에 질문을 하지 못한다는 것이지요. 실제 프로젝트를 진행하는 과정에서도 활발하게 아이디어와 대안을 제시하는 쪽은 전자에 해당하는 사람들입니다.

'모르면 묻는다'라는 당연한 원칙 실천하기

여러분이 생각정리를 하는 데 있어서도 '질문'은 매우 중요한 역할을 합니다. 질문은 내 머릿속에는 없지만 전문가의 머릿속에는 있는 정보들을 습득하는 가장 효과적인 방법이기 때문입니다. 다양한 분야의 사람들을 대상으로 강의를 하고 있는 제 경험상으로도 새로운 정보나 지식을 잘 흡수해서 자신만의 것으로 발전시키는 사람들은 강의 내내 그리고 강의가 끝나고 나서도 '활발하게 좋은 질문을 던진다'라는 공통점이 있었습니다. 보통 5~10% 미만의 수강자들이 이런 유형에 해당하는데, 어디서 강의를 하든지 이 비율은 크게 차이가 나지 않았습니다. 그러니 '나만 모르는 것 같아 질문하기가 민망하다'라는 생각을 가질 필요가 없습니다. 오히려 여러분의 질문이 질문하지 못하는 90% 이상의 사람들에게 고마운 일이 될 수도 있습니다.

영화 〈아이언맨〉을 보면서 저에게 인상 깊었던 장면이 있습니다. 주인공 토니 스타크가 아이언맨 슈트 개발을 비롯해 여러 가지 연구를 하면서 인공지능인 자비스에게 끊임없이 질문을 던지는 장면입니다. 그 스스로도 첨단기술에 대한 해박한 지식을 가지고 있음에도 불구하고 이런 식으로 질문과 답을 주고받으면서 생각지 못했던 아이디어와 통찰을 얻어나가는 것이지요.

'모르면 묻는다!'

이 작은 실천이 여러분의 정보와 지식을 늘리고 생각정리의 힘을 키워

줄 수 있습니다.

깊이 있는 질문을 하기 위한 2가지 조건

여러분이 좀 더 깊이 있는 질문을 하기 위해서 실천해야 할 2가지 원칙이 있습니다. 하나는 질문에 필요한 기본적인 정보를 스스로 습득하는 노력이고, 또 하나는 경청입니다.

여러분이 전문가에게 질문을 하고 답을 얻는 시간은 한정적일 수밖에 없습니다. 그 한정된 시간에 보다 깊이 있는 정보를 얻으려면 여러분 스스로 그와 관련한 기본적인 정보들을 미리 학습해야 합니다.

또 하나의 원칙인 경청에는 여러 가지 의미가 담겨 있습니다. 일단 전문가의 의견을 경청하지 않으면 여러분이 질문할 포인트를 찾을 수 없습니다. 여러분이 질문한 내용에 대한 대답을 들을 때도 마찬가지입니다. 그 대답을 경청해야만 그 안에서 다시 더 깊이 있는 정보를 끌어낼 질문을 만들 수 있습니다. 마지막으로는 질문한 사람 입장에서 당연히 지켜야 할 예의의 문제입니다. 질문에 대한 대답을 경청하지 않는 사람에게 더 많은 정보를 주려고 하는 사람은 없겠지요. 여러분이 열심히 정보를 알려주는데 상대방이 듣는 둥 마는 둥 하는 모습을 보였던 경험을 떠올려보면 충분히 공감할 수 있는 이야기입니다. 권오현 전 삼성전자 회장은 《초격차》라는 책에서 '남의 말을 경청하지 않고 무례한 사람은 조직에 도움이 안 되니 인재에서 탈락시켜야 한다'라고 이야기하기도 했습니다.

위대한 성군으로 칭송받는 순(舜)임금에 대한 기록을 보면 '(순임금은) 거리의 천한 말을 듣기를 좋아하셨다'라는 내용이 있습니다. 천하를 호령하는 권력을 가졌음에도 불구하고 신분과 관계없이 여러 사람에게서 다양한 관점의 정보를 얻어서 보다 명확한 판단을 하려고 노력했다는 것이지요. 이런 식으로 국가경영을 했으니 성인이라 불리는 공자나 노자까지도 순임금에 대한 존경심을 표현했겠지요.

여러분이 얼마나 열정적으로 입을 열고 귀를 기울이느냐에 따라 정보의 품질이 달라집니다. 그 대상이 전문가가 아니라도 마찬가지입니다. 때로는 내가 고민하는 문제와 전혀 관련이 없는 사람과 주고받는 대화 속에서 의외의 힌트를 얻는 경우도 많습니다. 최고의 정보를 얻고 싶다면 항상 '나는 모른다'라는 낮은 자세로 누구에게든 질문하고 경청하는 자세를 잃지 않아야 합니다.

날아가는 생각을 포착하는
초간단 메모의 기술

01

메모광만 따라할 수 있는
메모기술은 잊어라

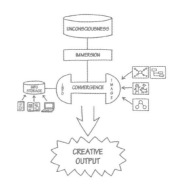

보통 직장에 처음 들어가면 메모하는 습관을 들이려고 노력합니다. 선배나 상사에게서 메모를 잘 하라는 조언을 듣기도 하고, 할 일을 까먹고 깨지는 일이 반복되면 메모의 중요성을 절로 절감하기 때문입니다. 또 아무리 기억력이 좋은 사람도 마흔 중반이 넘어가면 메모의 중요성을 깨닫는 일들을 숱하게 겪기도 합니다.

우리가 메모를 해야 하는 진짜 이유

위와 같은 여러 가지 이유로 우리는 메모기술과 관련된 책도 찾아보고 관련 강의도 들으면서 그 기술들을 따라해 보려고 합니다. 하지만 대부분 얼마 가지 않아 포기하고 말지요. 왜 그럴까요? 책 등을 통해 배운 대로 너무 멋지게 메모하려고 노력하기 때문입니다.

메모의 핵심은 '멋지게' 기록하는 데 있지 않습니다. 여러분의 머릿속에서 '날아가는 생각을 잘 포착하기만 하면' 어떤 방식으로 메모를 하든 크게 문제가 되지 않습니다. 실제로 제가 수많은 인력들을 관리해본 경험으로도 멋지게 메모하는 능력이 반드시 생각정리능력과 연결되지는 않았습니다.

신경정신과학 박사이자 세로토닌문화 원장이기도 한 이시형 박사는 《세로토닌 하라》라는 책을 통해, '한국 사람은 우뇌적 성격이 강해서 꼼꼼하게 기록하는 것이 체질에 맞지 않으므로 완벽하게 체크하고 기록하겠다는 생각을 버려라'고 하면서 '자기를 못 믿어서 늘 체크하고 기록하는 사람들은 수동적일 수도 있다'라고 이야기합니다. 요약하면 애초에 꼼꼼한 메모는 우리 체질에 맞지 않으니 보고 듣는 모든 것을 메모해야 한다는 강박감을 가질 필요가 없다는 것이지요.

누구나 따라할 수 있는 한 줄 메모법

이시형 박사의 말처럼 우리는 꼼꼼한 메모에 대한 강박증을 버리고 우리만의 메모법을 찾아야 합니다. 종이 노트에 기록하든 PC나 스마트폰을 이용하든 '날아가는 생각을 잘 포착할 수만 있다면' 어떤 방법을 활용하든 괜찮습니다. 이런 관점에서 지금부터 여러분이 멋지게 메모하는 방법이 아닌, 마음 편하게 메모를 습관화할 수 있는 방법을 소개하겠습니다.

가장 기본이 되는 방법은 날아가는 생각을 '한 줄로 기록하는 것'입니다. 저는 니시무라 아끼라가 쓴《CEO의 다이어리에는 뭔가 특별한 것이 있다》라는 책에서 힌트를 얻어 이 방법을 활용하고 있습니다. 일본에서 연간 200여 회의 강의를 동시에 진행하는 유명강사인 작가는 늘 와이셔츠 주머니에 포스트잇을 넣고 다니면서 언제 어디서든 떠오른 생각을 한 줄로 기록한다고 합니다. 그리고 나중에 그 포스트잇들을 분류해서 여러 방식으로 활용한다는 것이지요. 그의 메모법의 요령을 2가지로 압축하면 다음과 같습니다.

① **즉시 기록** : 아무 때나 바로 기록할 수 있도록 한다.
② **분리 및 재조합 용이** : 기록된 내용을 분리하고 재조합하기 용이해야 한다.

저는 이 '한 줄로 기록하기' 방법을 활용해서 지금까지 수많은 책과 콘텐츠를 만들 수 있었습니다. 방법은 간단합니다. 떠오르는 생각을 종이 노트나 스마트폰 등을 이용해 한 줄로 기록해놓으면 됩니다. 그러면 나중에 그 한 줄을 적게 된 사례나 생각들이 자연스럽게 떠오르게 됩니다. 첫 책을 집필할 때도 그랬습니다. 당시에는 한창 바쁘게 직장생활을 하던 때라 차분하게 앉아서 원고를 쓸 만한 여유가 없었습니다. 그래서 순간순간 콘셉트나 구성, 목차가 머릿속에 떠오를 때마다 메모장을 꺼내 한 줄로 기록했습니다. 그리고 2개월 간 출퇴근하는 지하철 안에서 그 한 줄의 기록을 토대로 2페이지 분량의 글을 채워 넣는 방식으로 초기 원고를 완성할 수 있었습니다.

누구라도 이런 메모법을 활용할 수 있습니다. 예를 들어 친구나 회사 동료와 술이나 차를 마시며 대화를 나누다가 머릿속에 좋은 생각이나 아이디어가 떠오르면 잠깐 틈을 내 노트나 스마트폰에 기록을 해놓는 것입니다. 특히 의외로 술자리에서 나누는 대화 속에서 고민하는 문제를 풀수 있는 아이디어나 힌트가 떠오르는 경우가 많습니다. 바로 그 시점에 기록을 남기지 않으면 그 생각이나 아이디어는 허공으로 사라져서 영영 돌아오지 않습니다. 반면에 어떻게든 기록을 남겨놓으면 전날에 아무리 취했어도 다음날 아침에 그 기록을 보고 관련 내용들을 떠올릴 수 있습니다. 이와 같은 한 줄 기록 메모법을 정리해보면 다음과 같습니다.

① 생각이나 아이디어가 떠오를 때 즉시 기록할 수 있는 노트, 메모장, 스마트폰 메모장 등을 준비한다.
② 일을 하다, 길을 걷다, 대화를 하면서 떠오른 좋은 생각이나 아이디어를 한 줄로 기록한다.
③ 주기적으로 기록한 내용을 재분류해서 같은 유형끼리 모아둔다.
④ 유형별로 분류한 메모를 PC나 스마트폰에 입력하거나 스마트폰으로 찍어서 보관해둔다.

한 줄 메모의 기본형식

위와 같이 머릿속에 떠오르는 생각이나 아이디어를 한 줄로 기록할 때는 기본적으로 날짜, 정보, 깨달음, 도식 등을 포함하는 것이 좋습니다.

이 중에서 나중에 언제 그 기록을 남겼는지를 기억할 수 있는 '날짜'와 핵심적인 내용이 되는 '정보'는 반드시 포함해야 하고, 깨달음이나 도식은 필요에 따라 넣어주면 됩니다. 예를 들면 이런 식입니다.

실현 가능성이 없는 것은 아이디어가 아니다.
20XX-03-13

그동안의 경험을 되돌아보면 첫 생각이 정답일 때가 많았다. 직관적으로 답을 얻을 때가 많으므로 가능한 한 첫 생각에 집중하자.
20XX-10-25

포기하고 싶을 때 한 번 더 밀어 붙여야 신은 기회를 주신다. 성공은 그렇게 포기하고 싶은 마음을 이겨내고 한 번 더 밀어붙이는 간절함에서 비롯되기 때문에 더 값진 듯하다.
20XX-10-27

만일 한 줄로 기록하는 내용이 책에서 얻은 정보라면 다음과 같이 출처와 쪽수를 함께 기록해놓습니다.

모든 프로젝트에는 '고객'이 있다. 당신이 '비즈니스 프로세스'에 '급진적인' 변화를 일으키려 한다고 하자. 당신에게는 재무 리포트에 관한 정말 멋진 아이디어가 있다. 이때, 그 방식을 편리하게 이용할 수 있는 다른 부서의 '사용자'가 바로 당신의 고객이다. p.224
《톰 피터스의 미래를 경영하라》
20XX.08.25.

또한 도식(그림)으로 표현하고 싶은 생각이 떠올랐을 때는 관련 내용을 한 줄로 기록한 뒤 다음과 같이 종이에 쓱쓱 그린 다음 스마트폰으로 찍어서 보관하면 됩니다. 이때 역시 그림을 멋지게 잘 그려야 한다는 생각을 가질 필요가 없습니다.

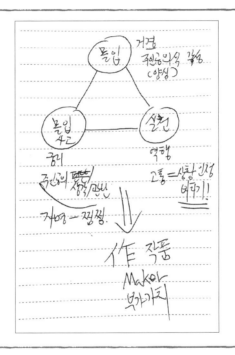

02

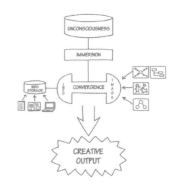

정보 연동성을 높이는
클라우드 메모장 활용법

앞에서 설명한 방법으로 메모를 할 때는 언제 어떤 기기로도 연동하여 활용할 수 있도록 '클라우드 메모장'에 기록하는 것이 좋습니다. 이와 관련하여 여러분이 활용하기 좋은 대표적인 클라우드 메모장을 소개하겠습니다.

네이버 메모장

PC나 스마트폰에 네이버 메모장을 설치하려면 네이버(NAVER)나 앱스토어에서 '네이버 메모'를 검색하면 됩니다. 네이버 회원이라면 누구든 로그인하여 사용할 수 있으며, 디자인도 예쁘고, 음성이나 그림으로 기록을 저장하는 기능도 갖추고 있습니다. 무엇보다 네이버 메모는 메모내용을 자신이 원하는 방식으로 분류하여 저장·활용할 수 있다는 장점이 있습니다. 예를 들면 앞에서 설명한 방식대로 그때그때 떠오르는 생각들을 기록한 뒤, 시간이 날 때 다음과 같이 유형별로 분류해놓은 저장장소에 각 메모들을 취합하면 됩니다.

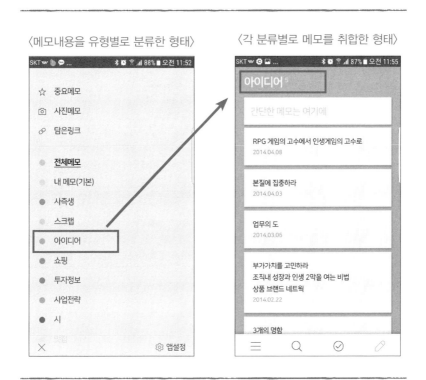

〈메모내용을 유형별로 분류한 형태〉　　〈각 분류별로 메모를 취합한 형태〉

구글Keep

구글Keep 역시 무료로 PC나 스마트폰에 설치하여 사용할 수 있으며 네이버 메모과 거의 유사한 기능들을 갖추고 있습니다. 그 중에서도 프로젝트 또는 할 일 목록을 구성하여 관리하는 리스트 기능이 매우 유용합니다. 예를 들면 다음과 같이 할 일 목록을 만들어서 일을 진행하다가 마무리한 일이 있으면 항목 앞쪽 네모박스에 체크를 해줍니다. 그러면 해당 항목이 삭선표시가 되면서 아래로 이동하기 때문에 일의 진척도를 한 눈에 확인할 수 있습니다.

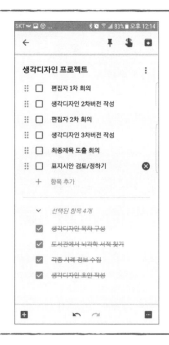

에버노트

에버노트는 무료버전과 유료버전이 있는데 전문적으로 활용할 계획이라면 가급적 연간 6만 원 상당의 비용이 드는 유료버전을 권장합니다. 유료라서 아깝다는 생각이 들 수도 있지만 사용해보면 그만한 값어치가 있다는 사실을 알게 됩니다.

네이버 메모나 구글Keep이 정보의 임시 저장소에 해당한다면, 에버노트는 정보를 체계적으로 관리하는 저장소에 해당한다고 할 수 있습니다. 에버노트는 스크랩 도구를 활용한 빠른 스크랩, 체계적인 분류 및 정리기능, 유사한 정보를 엮어주는 태그기능, 이미지 검색기능 등의 강점이 있는데, 특히 이미지 검색기능은 스캔자료로 보관한 명함이나 문서의 내용을 검색하는 데 유용하게 활용됩니다.

저는 네이버 메모나 구글Keep으로 메모한 내용들을 주기적으로 에버노트에 체계적으로 취합하여 관리하고 있습니다. 이렇게 관리하면 다음과 같이 전체 분류형태별 목록이나 각 분류형태에 따른 내용들을 한 눈에 확인할 수 있어서 생각정리나 아이디어 발상에 더욱 큰 효과를 볼 수 있습니다.

지금까지 몇 가지 클라우드 메모장을 소개했지만 다음 3가지 기능만 충족한다면 어떤 메모장을 활용하든 상관없습니다.

① 즉시 기록이 가능하다.
② 메모내용의 체계적 분류가 가능하다.
③ 언제 어디서든 활용할 수 있다.

또한 저의 경우처럼 필요에 따라 2가지 정도의 메모장을 함께 사용해도 좋습니다.

03

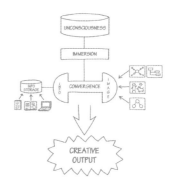

손 글씨 메모를 효과적으로
활용하는 방법

　앞서 제시한 사례에서 확인할 수 있듯이 저는 글씨를 예쁘게 쓰지 못
합니다. 그런데도 손 글씨 메모만의 묘한 매력이 있어서 문구점에 갈 때
마다 마음에 드는 수첩을 한 권씩 사곤 합니다. 하지만 그 중 대부분은
쓰지 않고 고이 보관만 하고 있습니다. 그 멋진 수첩들에 예쁜 글씨와 그
림을 이용해서 메모들을 보기 좋게 기록하고 싶은데 그런 재능이 없다
보니 아예 사용조차 안 하게 된 것이지요. 여러분도 저와 비슷한 경험을
가지고 있지 않을까요?

　아직까지도 저는 수첩 수집(?) 욕심을 버리지 못했지만, 실제 메모용으
로는 다른 형식의 노트를 활용하고 있습니다. 다음 쪽 그림처럼 한 장씩
뜯어서 사용하는 노트입니다. 이런 노트를 활용하면 글씨나 그림이 예쁜
지 안 예쁜지에 신경도 덜 쓰이고, 내용에 실수나 오류가 있어도 뜯어버
리면 그만이니까 메모하는 마음도 편해집니다.

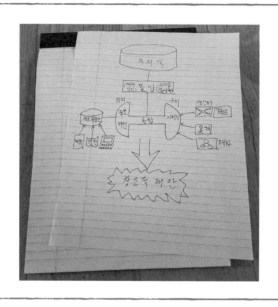

손 글씨 메모의 활용성을 높이는 디지털 스캐닝

손 글씨 메모는 분실할 위험이 있다는 단점이 있습니다. 또 기록한 내용을 필요할 때 확인하기 어렵다는 단점도 있습니다. 이런 단점을 보완하는 방법이 해당 메모를 이미지화해서 보관하는 것입니다. 이때 사용장소가 한정된 PC 스캐너보다는 스마트폰 스캐너 앱이나 에버노트를 활용하는 방식이 더 효과적입니다.

대표적인 앱으로는 MS에서 무료로 제공하는 오피스렌즈가 있는데, 이앱을 활용하면 종이 메모나 화이트보드에 기록한 내용을 손쉽게 디지털이미지로 변환할 수 있습니다. 이 앱을 쓰고 싶다면 다음과 같이 스마트폰 앱스토어에서 오피스렌즈를 찾아 설치하면 됩니다.

어도비(Adobe)에서 출시한 '어도비 스캔' 앱은 무엇보다 스캔 품질이
뛰어나고, 자동 스캔 보정과 이미지 자료에서 텍스트를 추출할 수 있다
는 장점이 있습니다. 다만 스캔 자료가 PDF 형태로만 저장된다는 제약
이 있습니다. 이 앱 역시 앱스토어에서 무료로 설치할 수 있습니다.

에버노트의 경우 앱 자체에 카메라 촬영기능이 있어서 종이문서를 촬
영하면 자동으로 보정해서 이미지로 변환해줍니다.

아날로그 식 메모로 얻을 수 있는 효과

여러 가지 디지털 메모도구들이 있기는 하지만, 아날로그 식 메모방법

들이 기대 이상으로 발상에 도움을 주는 경우가 많습니다. 아마도 손목을 움직이며 종이에 글씨를 쓰고 그림을 그리는 느낌이나, 종이 위에서 펜이 움직이며 내는 소리들이 자판이나 마우스를 이용할 때는 느끼지 못했던 묘한 감성을 자극하기 때문이 아닐까 생각합니다. 또한 파워포인트로 그릴 도식의 초안을 종이에 먼저 그려보면 발상이나 작성시간 측면에서 훨씬 효율적인 경우가 많습니다. 처음부터 파워포인트로 그리면 아무래도 정교함과 수정에 대한 압박이 생길 수 있는데, 종이에 그릴 때는 그런 압박감 없이 훨씬 자유롭게 생각을 표현할 수 있기 때문입니다.

다만 앞서 강조했듯이 '너무 잘 쓰고 잘 그리려는 욕심'을 부리면 이런 아날로그 메모방법의 장점이 반감될 수 있습니다. 글씨를 못 쓰고 그림을 못 그린다고 해서 발상력이 떨어지지는 않습니다. 다음과 같이 마음을 편하게 먹고 여러분의 생각을 자유롭게 표현하는 것으로 충분합니다.

'멋진 글씨나 그림은 의미가 없다. 쓸모 있는 낙서면 충분하다. 막 그리다 보면 실력은 계속 늘게 되어 있다.'

04

그림을 못 그려도
따라할 수 있는 비주얼 씽킹

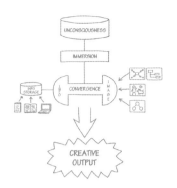

이번에는 손 글씨가 아닌 그림을 이용한 메모방법에 대해 알아보겠습니다. 솔직히 고백하면 저는 글씨뿐만 아니라 그림도 참 못 그립니다. 오죽하면 중학교 3년 내내 담임이었던 미술 선생님을 졸업한 뒤 찾아 갔을 때 이런 이야기를 들었을까요.

"윤석아, 네 그림은 아무리 좋게 보려 해도 기본 점수 이상을 주기 힘들었어."

이런 제가 머릿속 생각을 그림으로 표현할 수 있다면 당연히 여러분도 가능합니다. 저도 처음에는 스트레스도 받고, 비주얼 씽킹 관련 책들을 보며 열심히 따라해 보기도 했습니다. 하지만 그런다고 없던 재능이 생기지는 않더군요. 그 뒤로는 이렇게 편하게 마음먹고 아무 종이에나 그림을 쓱쓱 그리고 있습니다.

'그래, 내가 무슨 예술작품을 그리려는 것도 아니고 생각이나 아이디어를 알아볼 수 있게 표현만 하면 되지.'

앞서 강조했듯이 글로 쓰든, 그림을 그리든 메모의 핵심은 '달아나는 생각을 잡아두는 데' 있습니다. 따라서 제가 그랬듯 여러분 역시 괜한 스트레스를 받지 말고 표현하고 싶은 것들을 막 쓰고 그리면 됩니다. 이렇게 하다 보면 글씨든 그림이든 조금씩 수준이 나아지는 경험도 할 수 있습니다.

비주얼 씽킹의 6가지 패턴

비주얼 씽킹에는 다양한 패턴들이 활용됩니다. 이러한 패턴들을 알면 그림수준과 관계없이 생각을 그림으로 표현하기가 훨씬 수월해집니다. 이러한 비주얼 씽킹 패턴들의 특징을 분석해 보면 대략 다음과 같이 6가지 패턴으로 정리해볼 수 있습니다.

① 도형 패턴

동그라미, 사각형 등의 도형과 그 도형들을 선과 화살표로 연결하는 구조의 패턴으로서, 생각정리를 할 때 가장 많이 활용됩니다. 제가 생각정리를 하면서 활용해본 경험으로는 약 60% 정도가 이 패턴에 속했습니다. 예를 들어 이 패턴을 이용해 경영의 3P 분석을 표현해보면 다음과 같습니다.

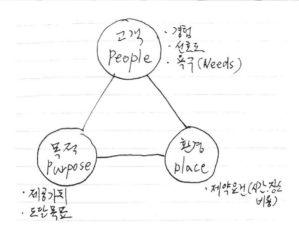

② 순서도(흐름도) 패턴

원 또는 사각형 등의 도형으로 항목을 구성하고, 그 항목들의 진행순서나 흐름을 화살표로 구성하는 패턴입니다. 다음 그림은 이 패턴을 이용한 흐름도와 그에 따른 메모를 조합하여 나타낸 것입니다.

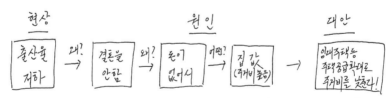

③ 수식 패턴

여러 형태의 도형과 4칙 연산 기호를 이용하여 각 도형으로 구성한 항목 간의 관계 또는 구조를 나타내는 패턴입니다. 다음과 같이 앞서 제시한 생각정리의 구조가 이 패턴에 해당합니다.

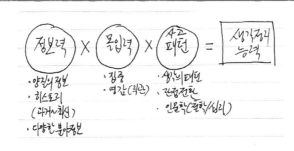

④ 트리구조 패턴

각 항목에 따른 상위단계와 하위단계를 구분해서 표현하는 패턴입니다. 다음 그림은 신입사원 교육방법 중 '합숙교육'과 '비합숙교육'에 대한 세부방식별 장단점을 2단계 트리구조 패턴으로 나타낸 것입니다.

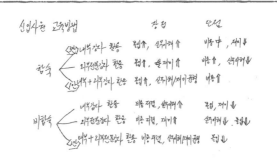

⑤ 매트릭스 패턴

보통 X축과 Y축으로 구성된 그래프에 2가지 기준을 적용하고, 이를 다시 4분면으로 나눠서 수준이나 품질을 표현할 때 사용되는 패턴입니다. 다음과 같이 앞에서 아웃풋 이미지와 구현역량이라는 기준에 따라 성공가능성이 어떻게 달라지는지를 나타낸 그래프가 이 패턴에 해당합니다. 이때 그림처럼 각 분면에 해당하는 값(결과)을 고·중·하 또는 상·중·하 등으로 표시하면 핵심적인 사항을 훨씬 간결하고 명확하게 강조할 수 있습니다.

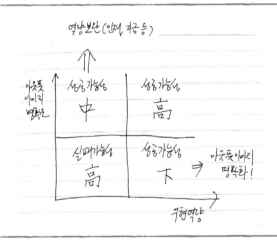

⑥ 모형 패턴

간단한 이미지와 상관관계도, 흐름도를 종합적으로 이용해서 특정 모형(Model)의 콘셉트를 표현하는 패턴입니다. 다음과 같이 앞서 제시한 생각 디자인 모형이 이 패턴에 해당합니다. 참고로 이 그림은 제가 갑자기 머릿속에 떠오른 이미지를 급하게 그린 초안입니다. 결코 잘 그렸다고 할 수는 없지만, 전체적인 콘셉트를 이해할 수만 있다면 그림수준은 전혀 문제가 되지 않습니다.

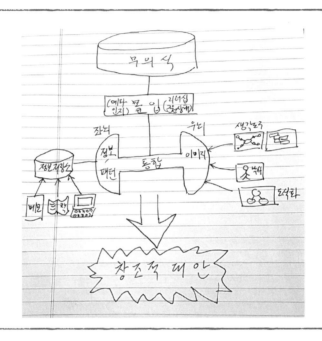

꼭 여러 도형을 이용해서 모형 패턴의 콘셉트를 잡을 필요도 없습니다. 콘셉트가 복잡하지 않다면 다음 쪽 그림과 같이 선과 화살표만으로 표현해도 괜찮습니다. 나중에 그 그림만으로 콘셉트를 정확히 이해해서 파워포인트 등의 프로그램으로 좀 더 정교하게 다듬을 수 있을 정도면 충분합니다.

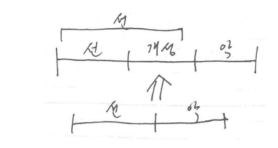

10장

생각정리의 효과를
높이는 습관 만들기

01

생각정리를
방해하는 습관 바꾸기

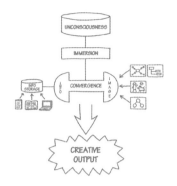

사람은 누구나 습관을 고치고 싶다는 생각이 들 때가 있습니다. 주로 그런 습관들이 생각정리나 발상을 옭아맴으로써 특정 상황에서 똑같은 실수나 실패를 반복하게 될 때 그런 생각이 듭니다. 하지만 습관은 본연의 성격이나 기질에서 비롯되기 때문에 한 번에 바꾸기가 상당히 어렵습니다.

짬짬이 전략으로 좋은 습관 만들기

따라서 습관을 바꾸고 싶다면 '조금 조금씩 꾸준히'라는 원칙을 세우고 생각을 행동으로, 행동을 새로운 습관으로 변화시켜나가는 노력을 지속적으로 실천해야 합니다. 전문가들도 새로운 습관을 형성하려면 같은 습관을 21일에서 66일 정도 반복해야 한다고 이야기합니다. 즉, 습관을 바꾸는 핵심이 '지속성'에 있다는 의미이지요.

미국의 임상심리학자 로버트 마우어는《끝까지 계속하게 만드는 아주 작은 반복의 힘》이라는 책을 통해서 간단한 행동을 반복함으로써 습관을 변화시키는 '스몰 스텝 전략'에 대해 이야기합니다. 그는 인간의 뇌가 진화하면서 뇌간, 중뇌, 대뇌피질로 발전했는데, 이 중에서 중뇌 안의 편도체라는 조직이 어떤 급작스런 변화가 다가오면 위기로 인식함으로써 대뇌피질의 역할인 이성적 판단을 멈추게 한다고 이야기합니다. 즉, 갑작스럽게 습관을 변화시키려고 하면 이 편도체라는 조직이 두려움 때문에 방어본능을 일으켜서 원래의 습관으로 되돌아가게 만든다는 것이지요. 그가 이런 편도체의 방어기제를 우회하는 방법으로써 제시한 것이 바로 스몰 스텝 전략입니다. 예를 들면 평소에 운동을 안 하던 사람이 TV를 보면서 1분 동안 걷기 운동을 꾸준히 하는 식으로 편도체가 두려움을 느끼지 않을 정도의 작은 행동을 반복하면 장기적으로 새로운 습관을 만들 수 있다는 것입니다.

일명 '짬짬이 전략'이라고도 할 수 있는 이 방법을 활용하면 여러분도 원하는 습관을 만들 수 있습니다. 예를 들어 평소에 책을 안 보는 사람이라면 출퇴근길 지하철 안에서 단 10분이라도 책을 보는 습관을 반복하는 식이지요. 앞의 전문가들 의견처럼 최소 3개월 정도 시간과 강도를 조금씩 높여가며 이런 습관을 반복하다 보면 시간의 마법이 작동해서 어느 순간 나에게 뭔가 새로운 무기가 장착된 듯한 느낌이 들 때가 있습니다. 바로 여러분이 원하는 새로운 습관을 득템하는 순간이지요.

여기에 제가 습관을 고치기 위해 사용하는 방법을 하나 더 소개하겠습니다. 무의식중에 본래의 습관이 나타나 생각을 방해하지 않도록, 다음과 같이 PC나 스마트폰 등에 잘 고쳐지지 않는 습관에 대한 경고문을 써 놓고 틈날 때마다 확인하는 방법입니다.

1. 미리 미리 확인하고 알려라
2. 중간 중간 정비하자
3. 사소한 것에 만족하자
4. 조급증을 내려 놓자

평생 명심할 것

02

일기 쓰기로 생각과 실행의 차이 메우기

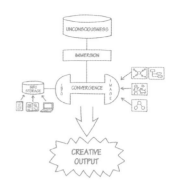

어느 날 아들과 함께 PC방에 갔는데, 한참을 게임에 열중하던 아들이 게임이 끝나고 나서 흥미로운 모습을 보여주더군요. 음료수를 마시며 자신이 한 게임의 리플레이 영상을 돌려보며 감탄과 탄식을 반복했던 것입니다. 이 모습을 지켜보면서 저는 아이들이 게임을 할 때도 경영학의 PDCA 기법이 적용되는구나 하는 재미있는 생각이 들었습니다. 참고로 PDCA 기법이란 'Plan(계획)-Do(실행)-Check(점검)-Action(개선행동)' 4단계를 이용해 기업경영 관련 사항을 점검·개선하는 활동을 말합니다.

2주에 1회 정도 편한 마음으로 시작하기

우리가 생각정리를 할 때도 PDCA와 같은 기법이 필요합니다. 생각정리의 방향이 올바른지, 그 방향대로 실행했을 때 문제될 만한 요소는 없는지 등을 점검하고 개선하기 위한 기법이 필요하다는 것입니다. 이를 위해 가장 간단하게 활용할 수 있는 기법이 바로 '일기 쓰기'입니다.

많은 사람들이 자신의 삶을 기록으로 남기고 싶어 합니다. 하지만 실제로 일기를 꾸준히 쓰는 사람은 많지 않습니다. 꼼꼼하게 기록하는 성향을 가진 사람이 아니고는 막상 일기를 쓰려고 시도했다가도 몇 장을 넘기지 못하고 포기하고 맙니다. 일이 바빠서 못 쓰고, 놀러 가느라 못 쓰고, 술을 마셔서 못 쓰는 일이 반복되기 때문이지요. 저 역시 그랬습니다. 그러다 어느 날 '한 달에 딱 2번만 쓰자'라고 편하게 마음을 먹고 다시 일기 쓰기에 도전했습니다. 결과적으로 일기 쓰기도 새로운 습관이므로 편도체가 두려움을 느끼지 않을 정도로 조금씩 습관을 들이기로 한 것이지요. 일기장에 쓰기 불편할 때는 다음과 같이 스마트폰에 수양록이라는 이름으로 일기를 쓰기도 했습니다.

이렇게 2주 간의 삶을 돌아보면서 있었던 일들을 기록하고 거기서 얻은 깨달음을 적다 보니 생각이 잘 정리되고, 일도 잘 풀리는 경험을 자주 하게 됐습니다. 이런 습관을 지속하다 보니 2주에 한 번 쓰던 일기를 1주에 한 번 쓰는 식으로 강도를 높일 수도 있었습니다.

일기 쓰기가 주는 효과

여러분도 큰 부담 없이 2주에 한 번이든, 한 달에 한 번이든 일단 시도해보십시오. 어떤 내용을 써야 할지 모르겠다면 다음과 같은 일반적인 패턴을 따라도 좋습니다.

① 사실 : 누구를 만나서 무슨 이야기를 나눴는지 등 최근 있었던 일들을 사실 그대로 적는다.
② 행동 : 그런 상황에서 나는 어떻게 생각하고 행동했는지를 솔직하게 적는다.
③ 깨달음 : ①, ②에서 느낀 점(깨달음)이나 문제점을 적는다.
④ 다짐 : ③을 통해 내가 앞으로 어떻게 생각 또는 행동하면 좋을지에 대해 적는다.

이런 요소들이 꼭 들어가지 않아도 되고, 정 쓰고 싶은 내용이 없으면 있었던 일과 느낌 점만 간략하게 몇 줄 적어도 괜찮습니다. 누가 볼 내용도 아니니 그냥 여러분 머릿속에 떠다니던 생각덩어리들을 토해낸다고 가볍게 생각하면서 적으면 됩니다. 아무리 간략한 기록이라도 이런 식으로 일기를 쓰다 보면 생각과 실행의 차이뿐만 아니라, 과거와 현재의 생각 차이 등을 선명하게 확인할 수 있고, 이를 통해 더욱 생각을 명쾌하게 정리하는 효과를 얻을 수 있습니다.

끝으로 일기의 형식은 아니지만 복잡한 여러분의 생각을 체계적으로 정리할 수 있는 좋은 도구 하나를 소개하겠습니다. 바로 제가 멘토로 활동하고 있는 홍익학당의 '양심노트'인데, 홍익학당 윤홍식 대표가 이 도구를 개발할 때 저도 힘을 보탰었습니다. 이 노트의 강점은 인간 내면 본성의 6가지 원칙(몰입, 사랑, 정의, 예절, 성실, 지혜)에 따라 현재 자신이 가지

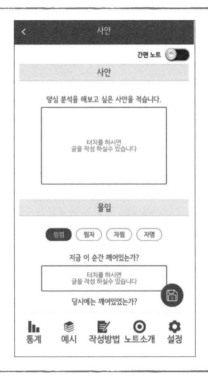

고 있는 생각을 명쾌하게 정리할 수 있다는 데 있습니다. 양심노트 작성법 및 6가지 원칙에 대한 설명은 유튜브 홍익학당 채널의 윤홍식 대표 강의(https://www.youtube.com/hongikhd)나 홍익학당 홈페이지(https://www.hihd.co.kr)를 참조하면 되며, 구글플레이스토어에서 '양심노트'로 검색하면 앞 쪽 그림과 같은 모바일 버전을 다운로드받아 사용할 수 있습니다.

03

멍 때림과 산책으로
생각정리의 효과 높이기

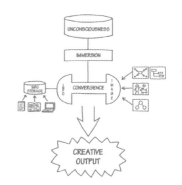

　몇 년 전부터 우리나라에서 매년 특이한 대회가 개최되고 있습니다. 바로 '멍 때리기 대회'인데요, 일반인들이 참여해서 그야말로 아무것도 안 하고 멍을 오래 때리는 사람이 승리하는 대회입니다. 또 몇 년 전에는 배우 유해진 씨의 '이미 아무것도 안 하고 있지만 더 격렬하게 아무것도 안 하고 싶다'라는 광고 멘트가 화제가 되기도 했습니다. 그만큼 현대인들이 여유 없이 살고 있다는 현실을 보여주는 사례들 아닐까요? 여러분은 어떻습니까? 하루에 잠시라도 '멍 때리는 시간'을 갖고 있나요?

초점 있는 멍 때리기

　미국의 뇌 과학자 마커스 라이클 박사는 뇌 연구를 통해 '사람이 아무런 인지활동을 하지 않을 때 활성화되는' 뇌의 특정 부위가 있음을 발견하고 이 부위를 '디폴트 모드 네트워크(default mode network)'라고 명명했습니다. 즉, 컴퓨터를 리셋하면 초기 설정(default)으로 돌아가듯이 사람이 멍 때리고 있을 때 이 부위가 활성화된다는 것이지요.

라이클 박사의 연구결과에서도 알 수 있듯이 멍을 때린다는 것은 복잡한 우리의 머릿속을 시원하게 비워주는 활동을 의미합니다. 책상 앞에서 아무리 머리를 쥐어짜도 나오지 않던 아이디어가 아무 생각 없이 차를 마시거나 담배를 피울 때 갑자기 머릿속에 떠올랐던 경험이 있지 않나요? 이것이 바로 멍 때림, 즉 머리를 비움으로써 오히려 뇌 활동을 활성화시켜서 얻을 수 있는 효과입니다.

다만 여러분이 생각정리를 위해 멍 때리기를 활용할 때는 가급적 '초점 있는' 멍 때리기를 해야 합니다. 초점 있는 멍 때리기란 바로 '몰입'을 의미합니다. 멍 때리기를 한다고 해외여행을 하는 등의 과도한 여가생활을 할 필요가 없습니다. 그런 활동은 오히려 시간과 비용만 많이 들고 생각정리의 효율성은 떨어지는 경우가 많습니다. 이에 비해 몰입을 이용한 초점 있는 멍 때리기는 비용이 전혀 들지 않을 뿐 아니라 생각정리를 하는 데에도 탁월한 효과가 있습니다.

산책을 이용한 멍 때리기

생각정리를 위한 초점 있는 멍 때리기 활동으로서 가장 권장할 만한 방법은 '가벼운 산책'입니다. 꼭 숲이나 산에서 산책을 즐길 필요도 없습니다. 집 주변, 회사 주변 어디라도 상관없이 가볍게 산책을 즐기면 됩니다. 철학자 아리스토텔레스는 제자들과 자주 숲 속을 산책했다고 합니다. 산책을 통해 머릿속을 선명하게 비운 상태에서 철학을 논했다는 것이지요. 그래서 아리스토텔레스학파를 '어슬렁거리다'라는 의미의 '소요학파(逍遙學派)'라고 부르기도 합니다. 또《몰입의 즐거움》의 저자 미하이 칙센트미하이 교수는 '산책은 마음을 깨끗이 하고 관점을 바꾸고 새로운 시각으로 상황을 바라볼 수 있는 절호의 기회'라고 이야기하기도 했습니다.

저 역시 생각정리를 할 때 산책의 효과를 많이 봤습니다. 생각이 복잡할 때 회사 주변을 슬슬 돌아다니기만 해도 마음이 차분해지는 것을 느낍니다. 그러다 보면 행복호르몬인 세로토닌이 나와서 행복감이 느껴지기까지 합니다. 산책을 통해 자연스럽게 힐링도 되고 생각정리에도 큰 효과를 볼 수 있는 것이지요. 참고로 산책을 할 때 다음과 같이 앞에서 설명한 '지금! 몰입법'을 응용하면 생각정리 효과를 더욱 높일 수 있습니다.

① 정면의 광경을 전체적으로 바라보면서 '지금!'이라고 선언한다.
② 미소를 지으면서 '괜찮아!'라고 선언한다.
③ 정신이 또렷해진 상태에서 가볍게 이 생각 저 생각을 하면서 생각을 정리한다.
④ 좋은 생각이 떠오르면 노트나 스마트폰 등에 1~2줄 정도 기록한다.

04

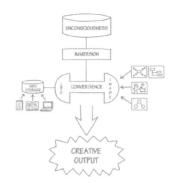

찜찜함이 느껴지면 생각을
멈추고 원점에서 재점검하라

나라 안에 주기적으로 대형재해가 발생하는 상황을 보면 누구나 답답하고 안타까운 마음을 느낍니다. 게다가 그런 재해의 상당수가 '예견된 인재'라는 점에서 그 참담함은 더욱 커질 수밖에 없습니다. 이런 예견된 인재를 통계적 법칙으로서 밝혀낸 사람이 있습니다. 바로 하인리히라는 미국의 보험사 직원인데, 그는 수많은 사고통계를 분석해서 다음과 같은 법칙을 증명했습니다.

'사고로 인한 중상자가 1명 나오면, 그 전에 같은 원인으로 발생한 경상자가 29명, 부상을 당할 뻔한 잠재적 부상자가 300명 존재한다.'

대형사고가 발생하기 전에는 반드시 그 징후로서 발생한 수많은 경미한 사고들이 이미 존재한다는 사실을 통계적으로 증명한 것입니다.

찜찜함이 느껴지는 순간을 방치하면 안 되는 이유

여러분이 생각정리를 하거나 일을 할 때도 이런 징후나 전조증상, 쉽게 말해 '찜찜함'이 느껴질 때가 있습니다. 이런 찜찜함에 민감하게 반응하여 대응할 수 있다면 큰 위기나 사고를 미연에 방지할 수 있습니다. 예를 들어 똑같은 고객 클레임이 매일 1건씩 들어오는 사안이 있다면 이를 빠르게 포착해서 본질적인 개선과 대응방안을 마련해야 합니다. 만일 클레임 건수가 소소하다는 이유로 이런 찜찜함을 방치하면 1년 후에 고객들이 대거 이탈하는 대형사고가 발생할 수도 있습니다.

핵심은 찜찜함이 느껴지는 타이밍을 놓치지 않는 것입니다. 거래처와의 협상내용을 보고하는 부하직원의 눈빛에서, 우울함을 호소하는 친구의 반복된 문자메시지에서, 술 1~2잔의 음주운전을 가볍게 생각하는 지인의 태도에서 우리는 수시로 이런 찜찜함을 느낍니다. 이럴 때는 반드시 부하직원이나 친구와 대화를 하거나, 절교를 불사하고 음주운전을 말려야만 대형사고로 이어질 위험을 사전에 방지할 수 있습니다.

양명학의 창시자 왕양명은 《전습록》에서 찜찜함에 대해 이렇게 이야기합니다.

'성인(聖人)은 단지 기미를 알아 잘 대응한다.'

여기서 기미가 바로 '찜찜한 기색'을 말합니다. 여러분이 생각정리를 할 때도 이런 찜찜함이 느껴지면 반드시 그 생각을 둘러싼 여러 요소들을 재점검해볼 필요가 있습니다. 이런 점검을 통해 여러분이 놓친 부분이 발견되면 그 부분을 집중적으로 개선·보완해야만 자칫 어긋날 뻔한 생각정리의 방향을 올바르게 수정할 수 있습니다.

05

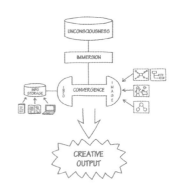

게임 속 주인공처럼
매순간을 즐겨라

'게임을 하면서 딴 생각을 한 적이 있었나요?'

주변의 온라인 게임을 좋아하는 사람들에게 이런 질문을 하면 대부분 '딴생각을 한 적이 없다'라고 대답합니다. 그럼 다시 이렇게 묻습니다.

'게임 레벨이 올라갈수록 자극적이어서 플레이하기가 괴롭다고 느껴본 적은 없나요?'

그러면 대부분 '오히려 자극적이어서 더 스릴이 있다'라고 하면서, '그럴수록 그 레벨을 깨려고 더 집중하게 된다'라고 이야기합니다. 어떤가요? 이쯤 되면 게임이야말로 '몰입의 끝판왕'이라고 할 수 있지 않을까요?

제가 난데없이 게임 이야기를 꺼낸 이유는, 우리가 게임을 대하듯 자신의 삶에 대한 문제를 대할 수 있다면 높은 몰입감과 긴장감, 행복감, 성취감을 얻을 수 있다는 점을 강조하기 위해서입니다. 생각정리를 할 때도 마찬가지입니다. 즉, 어떤 현상이나 문제를 대하든 게임을 하듯이 즐기는 마음을 가지면 잡념 없이 몰입하여 생각을 명쾌하게 정리할 수 있다는 것이지요.

앤서니 라빈스는 그의 책《네 안에 잠든 거인을 깨워라》에서 '우리가 지금 머물러 있는 감정상태가 현실을 인지하고 판단·행동을 결정한다'라고 하면서 '우리의 행위는 능력의 결과라기 보다는 감정상태가 만든 결과이기 때문에 능력을 바꾸려면 감정을 바꿔야 한다'라고 이야기합니다. 또한 얼마 전 세계 바둑 1인자 커제를 꺾은 우리나라의 최정 9단은 한 인터뷰에서 '이겨도 져도 좋다는 마음으로 즐기니 스트레스도 안 받고 결과도 좋게 나온다'라는 말을 하기도 했습니다.

이런 말들처럼 실제로 어떤 일이든 부정적인 마음으로 대할 때보다는 긍정적인 마음으로 대했을 때 좋은 생각과 적극적인 행동이 나오게 됩니다. 현재 여러분이 인생이라는 게임 속 주인공이라고 생각해보십시오. RPG 게임에서처럼 플레이할수록 많은 경험을 하면서 성장해나가는 그런 주인공 말이지요. 아무리 관점을 바꾸려 해도 여러분의 삶에서는 여러분 자신이 주인공이라는 관점은 변하지 않습니다. 스스로 이를 인정하고 삶의 문제들을 대하면 아무리 강한 자극과 고통이 오더라도 그것을 스릴이라고 생각하고 어떻게든 몰입하여 해결하려고 노력하게 됩니다. 그러다 보면 문제를 해결할 수 있는 좋은 생각과 영감도 샘솟게 됩니다. 그럼에도 불구하고 이런 과정이 너무 힘겹게 느껴질 때 이런 주문을 외워 보면 소위 깡(용기)이라는 것이 생길 것입니다.

'설마 죽기야 하겠어?'

인생게임에서 만렙(최고 레벨)을 달성한 공자는 인생의 고수로서 우리에게 이런 조언을 합니다.

'아는 사람은 그것을 좋아하는 사람만 못하고, 좋아하는 사람은 즐기는 사람만 못하다.'

《논어》술이 편을 보면 '(공자가) 제나라에서 순임금이 만든 소(韶)라는 음악을 듣고 배울 때 3개월 동안 고기 맛을 잊어버릴 정도로 몰입했다'라는 이야기가 나옵니다. 공자 자신의 말처럼 매사에 즐기는 마음을 가졌기에 가능한 일이었겠지요. 이런 사례를 보면 공자를 태초의 '덕후'로 인정해도 될 듯합니다.

인생은 마음먹기 나름입니다. 괴롭다고 생각하면 모든 것이 괴롭게 느껴지고, 즐겁다고 생각하면 매사에 즐기는 마음을 갖게 됩니다. 아침에 눈을 떠서 잠들 때까지 매순간 나만의 인생게임을 즐기겠다는 마음을 가지면 분명 생각과 판단이 보다 명확해질 것입니다. 끝으로 제가 매일 아침 눈을 뜨자마자 하는 기도문을 하나 소개하겠습니다. 제 나름의 인생게임을 즐기는 희열을 표현하는 내용입니다.

신이시여! 또 하루를 시작하게 해주셔서 진심으로 감사합니다.
이렇게 인식하고, 존재하며, 경험하고, 배우며, 성장할 수 있게 해주셔서
진심으로 감사합니다.

오늘도 제 눈앞에 어떤 화면이 펼쳐지든, 힘 빼고 올바르게 순간순간 최선을 다하겠습니다. 결과에도 집착하지 않겠습니다.

다시 한 번 하루를 시작하게 해주셔서 진심으로 감사합니다.

06

생각정리의 결과를
검토하는 4가지 판단기준

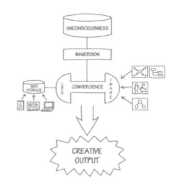

여러분이 지금까지 설명한 방법대로 생각정리를 해봤다면, 이제 다음과 같은 4가지 질문을 통해 그 생각이 올바른지를 스스로 점검해봐야 합니다.

① 지금 내 머릿속이 찜찜함이 없이 선명한가?

여기서 '머릿속이 선명한 상태'를 홍익학당의 윤홍식 대표는 '자명(自明)'이라고 표현합니다. 만약 생각정리를 했는데 왠지 불안하고 찜찜하며, 부족하지만 어쩔 수 없다고 생각하는 부분이 있다면 생각이 '자명'하게 정리된 상태가 아닙니다. 이럴 때는 그 원인이 무엇인지를 다시 한 번 점검해봐야 합니다.

② 내 생각을 다른 사람들에게 명확하게 설명할 수 있는가?

위의 질문과 연결되는 질문으로, 스스로 찜찜함이 있는 상태에서 생각을 정리하면 다른 사람에게 설명할 때 자신감이 떨어질 수밖에 없습니다. 쉽게 말해 설명을 하면서 반드시 버벅거리게 되는 부분이 생깁니다.

③ '왜(Why)'와 '어떻게(How)'가 명확한가?

내가 이 일을 하는 이유와 실현방법이 구체적으로 정리됐는지를 확인하는 질문입니다. 이런 구체성이 떨어지면 여러분이 생각정리한 결과에 대한 신뢰도가 떨어지게 됩니다.

④ 내가 활용한 정보는 정확한가?

정확한 정보를 토대로 생각정리를 했는지를 묻는 매우 중요한 질문입니다. 정보가 정확하지 않으면 생각정리를 위한 모든 가정이 틀어지기 때문이지요.

이 질문들은 지금까지 이 책에서 생각정리를 위해 제시한 내용들을 잘 따라왔는지를 묻는 질문이기도 합니다. 앞부분에서 제시한 '생각 디자인 모형'을 기준으로 생각정리를 했다면 위의 질문들에 자신 있게 'YES'라고 답할 수 있을 테니까요. 이런 생각정리가 한 번에 가능하지는 않겠지만, 아주 소소한 생각부터 시작해서 꾸준히 이 책에서 설명한 생각정리 방법을 활용해 보면 분명 여러분의 일과 삶에 큰 변화를 만들 수 있을 것입니다.

충돌과 융합을 통해 새로운 균형점 찾기

어느 덧 이야기를 마칠 때가 됐군요. 부족하지만 여러분이 생각정리를 하는 데 도움이 될 만한 제 경험들을 최대한 잘 정리해서 반영하기 위해 노력했습니다.

많은 사람들이 생각을 정리하는 데 어려워하는 이유는, 생각정리가 정보, 몰입, 사고패턴 등의 다양한 요소들이 유기적으로 융합되는 일련의 과정을 거쳐 이루어지기 때문입니다. 이 책은 이러한 측면을 고려하여 생각정리와 관련된 광범위한 내용을 담고 있습니다. 따라서 한 번에 정독하려고 욕심내기 보다는 머릿속이 복잡할 때 책을 넘기면서 눈에 띄는 내용을 읽어보거나, 곁에 두고 그때그때 상황에 맞춰 필요한 내용을 읽고 바로 활용하는 방법을 권합니다. 그러다 보면 어느 순간 자연스럽게 나만의 방식으로 생각을 창의적으로 디자인하는 방법을 익히게 될 것입니다.

저는 직업상 매일 첨단 IT 용어를 사용해가며 조직을 새롭게 구축하고, 사람들을 육성하고, 조언하는 일을 하고 있습니다. 또 그런 경험들을 정리해서 강의를 하고 글로 남기는 일도 하고 있습니다.

또 한편으로는 인문학 전문기관인 홍익학당에서 '무위(無爲)'라는 닉네임을 가진 멘토로서 활동하고 있습니다. 인문학과 철학이 좋아서 학당을 찾는 많은 사람들에게 때로는 유학의 용어로, 때로는 불교, 기독교, 서양철학 등의 다양한 용어를 활용하여 조언과 도움을 드리기 위해 노력하고 있습니다. 학당에서의 삶만 생각하면 마치 예전 학문하는 선비와도 비슷하다고 할 수 있겠지요.

이처럼 여러 분야를 넘나들며 살다보니 한때 '누가 시킨 것도 아닌데 왜 이렇게 복잡한 삶을 살고 있을까?'라는 고민을 하기도 했습니다. 하지만 어느 순간 이런 삶을 통해 만들어진 제 캐릭터가 나름 의미 있다는 생각이 들더군요. 철학 연구를 통해 인간사의 다양한 현상들을 정리하고 개념화할 수 있는 능력이 생겼고, 한편으로는 기술과 경영분야에서의 경험을 통해 수많은 철학자들이 꿈꾸는 멋진 조직이나 사회의 모습을 현실에서 실현할 방법에 대한 실마리를 얻을 수 있었기 때문이지요. 이 책 또한 그런 다양한 경험을 통해 얻은 통찰이 있었기에 쓸 수 있었고요.

가까운 장래에 우리에게는 지금보다 훨씬 다양하고 복잡한 삶이 다가올 것입니다. 우리가 현재 디디고 있는 4차 산업혁명에 의한 변화의 판이 그렇게 흘러가고 있습니다. 변화를 외면했다가 나중에 호되게 매를 맞느니 우리가 먼저 그 변화에 판에 뛰어들면 어떨까요? 그런 결단에 도움이 되는 이야기를 하자면, 최신의 정보는 대부분 잘 알고 있으니 옛것에 한 번 눈길을 돌려보라는 것입니다. 《논어》에 보면 '온고이지신 가이위사의(溫故而知新 可以爲師矣)'라는 공자의 말이 있습니다. '옛것을 연구해서 새 것을 알면 다른 사람의 스승이 될 수 있다'라는 의미입니다. 이 말처럼 우리는 과거 인류의 유산 속에서 미래로 나아가는 힘을 얻을 수 있습니다. 나아가 디지털과 아날로그, 직관과 논리, 변화와 안정이라는 양극단의 환경들을 내 안에서 끊임없이 충돌시켜 새로운 균형점(창조)을 찾아내는 것이 현재를 살고 있는 우리의 사명이라고 할 수 있습니다.

주인공의식으로 나만의 삶 디자인하기

앞에서 강조했듯이 기획과 창조력의 근원은 여러분 스스로 '나의 인생작품과 인생게임을 어떻게 아름답게 만들어볼까' 하는 '주인공의식'을 갖는 것입니다. 이런 주인공의식이 있어야만 여러분이 가진 스킬과 역량이 빛을 발할 수 있습니다. 날마다 나만의 인생작품을 만든다는 생각으로 살아가면 우리는 누구나 창조적인 삶을 이루어낼 수 있습니다.

많은 전문가들이 4차 산업혁명 시대에는 무엇보다 '기업가정신'이 중요하다고 강조합니다. 버진그룹의 CEO 리처드 브랜슨은 그의 저서 《비즈니스 발가벗기기》에서 기업가정신을 이렇게 정의하고 있습니다.

'세상에 무엇을 제공할 수 있는지 연구해서 자신을 위해 성취를 이뤄내는 것'

결국 기업가정신의 핵심 역시 주인공의식에 있는 것이지요. 우리가 살면서 그때그때 필요한 조건을 완벽하게 충족하는 경우는 생기지 않습니다. 항상 제약요건을 바탕으로 미래를 그려야 하는 것이 우리의 숙명입니다. 따라서 매순간 우리에게 주어지는 제약요건을 흔쾌히 인정하고, 지금 내가 할 수 있는 최선이 무엇인지를 스스로에게 물어보고, 실행하고, 기록해야 합니다. 이것이 바로 스스로 인생작품을 만들어가는 주인공의 삶입니다. 이 책을 통해 많은 독자들이 조연의 삶에서 벗어나 주인공의 삶을 살아가길 기원합니다.

겸손하고 또 겸손하라

저는 어떤 일이 생기든 항상 머릿속에서 시뮬레이션을 해보는데, 그러면 미래의 상황에 대한 경우의 수가 아주 선명하게 떠올라서 일을 성공시키는 데 큰 도움이 되곤 했습니다. 그러다 보니 어느 순간부터 시뮬레이션을 지나치게 확신하는 오만함이 생기더군요. 그러다 결국 한 번은 시뮬레이션 속 경우의 수에 포함되지 않은, 거대한 변수가 발생해서 호되게 당한 적이 있습니다. 그 후로는 시뮬레이션을 해보더라도 일에 적용하기 전에 한 번 더 세밀하게 점검하는 과정을 거치고 있지요.

우리는 수없이 다양한 상호작용이 이루어지는 복잡계 속에서 살고 있습니다. 이런 현실에서 생존하려면, 위의 제 사례처럼 '내가 모든 것을 알고 통제할 수 있다'라고 생각하는 오만한 태도를 경계해야 합니다. 세상이 나를 중심으로 돌아가는 것 같고, 모든 일이 내가 생각한 대로 진행되는 것 같은 그때가 바로 여러분에게 가장 큰 위험이 다가온 때임을 명심해야 합니다.

서울대학교 심리학과의 최인철 교수는 그의 저서 《프레임》을 통해 '지혜는 한계를 인정하는 것'이라고 정의하면서, '지혜는 자신이 아는 것과 알지 못하는 것, 할 수 있는 것과 할 수 없는 것 사이의 경계를 인식하는 데서 출발한다'라고 이야기합니다. 그의 말처럼 우리가 진정한 지혜를 얻어서 선명하게 생각정리를 하려면 모든 일을 '나는 모른다'라는 자세로 대해야 합니다. 내가 만나는 모든 사람들이 자신의 분야에서 내가 모르는 중요한 정보와 지혜를 가지고 있다는 생각으로 그들의 말을 경청하고 한 수 배우려는 자세를 가져야 합니다. 또한 매순간 일의 낌새(기미, 幾微)를 세심하게 관찰해서 '상황을 잘 알고 있다'라는 오만으로 생각이나 일의 오류가 생기지 않도록 해야 합니다. 잘 안다고 생각하는 영역도, 당연하다고 여기는 영역도 처음 접한다는 생각으로 늘 낯설게 바라보십시오. 이렇게 스스로를 비워내고 텅 빈 마음을 가졌을 때 위대한 영감을 얻을 수 있습니다. 스토아학파의 대표적인 철학자 에픽테토스는《담화록》에서 이런 글을 남겼습니다.

'그대가 선한 사람이 되고 싶다면 우선 자신이 악한 사람임을 알라.'

이렇게 스스로를 맨바닥이라고 인식하면 모르는 것을 모른다고 쿨 하게 인정하고 누구에게서든 배우려는 겸손한 자세를 유지할 수 있습니다. 그러한 겸손이 여러분에게 영감과 직관을 얻게 해주고 결과적으로 생각 정리를 통해 창의적인 결과물을 창출하게 해줄 것입니다. 지금 이 순간에 찾아오는 삶의 자극과 고통을 즐길 준비가 된 여러분의 앞날에 무한한 발전이 있기를 기대합니다.

필자의 인문학·철학 멘토로 많은 가르침을 주시고 이 책의 뼈대를 세울 수 있도록 해주신 홍익학당 윤홍식 대표님과 부족한 저에게 많은 코칭과 도움을 주신 권운석, 이종원, 이훈식, 윤형식, 정우준, 윤동현, 오병문, 김진운, 김상호, 이현경, 송진일, 최진형, 주태랑, 박우성, 박진옥, 윤동현 멘토님께 진심으로 감사드립니다. 이 책이 나오기까지 제 삶에 많은 조언과 도움을 주신 강제상 교수님, 한성주 이사님, 노경한 대표님, 박인환 대표님, 최관호 대표님, 이상엽 대표님, 문지수 대표님, 김인호 대표님, 오창훈 부사장님, 심준형 대표님, 정기준 부사장님, 정철 대표님, 강민기 이사님, 박희수 대표님, 손승호 준장님, 윤용기 대령님, 김선일 중령님, 김홍빈 대령님, 김정훈 대표님, 박용근 소장님, 원성식 부장님, 엄철현 대표님, 김윤상 대표님, 신병휘 상무님, 이미경 부장님, 이종은 님, 이승환 변호사님, 신동명, 최희선 노무사님, 김정숙 대표님, 김유리 대표님, 이윤선 팀장님, 임경택 이사님, 이승우 이사님, 허필주 선생님, 남일우, 황성섭, 김수경, 이현진, 황창석, 정인주, 이기태 님 그리고 부족한 선배에게 많은 조언과 가르침을 준 후배 김선중, 하달수, 김광일, 김종한, 김홍한, 장홍덕, 손석우, 김유미, 김영종, 박천호, 권대익, 오현승, 이종승, 김형섭, 오세창, 김아람, 김보건, 신동주, 남진탁, 문연미, 김혜경, 신혜림, 주지선, 진보은, 양정훈, 이원용, 김경열, 서유미, 신은정, 고현선, 고가영, 김유진, 윤해룡, 이윤성, 박현찬, 김창현, 여병호 님에게 깊은 감사의 마음을 전합니다. 늘 함께 논의하고 연구한 송준화 편집장님, 박진규 본부장님께 감사드립니다.

항상 묵묵히 지켜 봐 주시고 격려해주신 부모님과 장인·장모님 그리고 조언을 아끼지 않은 누나, 아내에게 항상 감사합니다. 항상 행복을 주는 두 아들 준섭, 준용에게도 고마움을 표합니다.

| 참고문헌 |

《네 안에 잠든 거인을 깨워라》, 엔서니 라빈슨, 조진형 역, 씨앗을뿌리는사람, 2008.
《누가 내 치즈를 옮겼을까》, 스펜서 존슨, 이영진 역, 진명출판사, 2000.
《누구나 탐내는 실전 보고서》, 이윤석, 아틀라스북스, 2016.
《당신은 전략가입니까》, 신시아 A. 몽고메리, 이현주 역, 리더스북, 2013.
《도덕감정론》, 애덤 스미스, 박세일 · 민경국 역, 비봉출판사, 2009.
《마윈의 충고(흔들리는 청춘들을 위한 마윈의 인생수업)》, 왕징, 박미진 역, 미래북, 2016.
《마인드 세트》, 존 나이스비트, 안진환 · 박슬라 역, 비즈니스북스, 2006.
《마인드셋(원하는 것을 이루는 태도의 힘)》, 캐럴 드웩, 김준수 역, 스몰빅라이프, 2017.
《맥킨지는 일하는 방식이 다르다》, 에단 라지엘, 이승주 · 이창현 역, 김영사, 1999.
《몰입의 즐거움》, 미하이 칙센트미하이, 이희재 역, 해냄, 2006.
《사색록》, 아우렐리우스 · 에픽테토스, 김병호 역, 집문당, 1988.
《생각의 탄생》, 미셸 루트번스타인 · 로버트 루트번스타인, 박종성 역, 에코의 서재, 2007.
《성공하는 사람들의 7가지 습관》, 스티븐 코비, 김경섭 역, 김영사, 1994.
《세로토닌하라! 333 혁신 플래너 세트(변화관리 실천 편)》, 이시형, 중앙북스, 2011.
《손에 잡히는 IDEA》, 제임스 웹 영, 박종안 역, 푸른솔, 2005.
《스마트한 생각들》, 롤프 도벨리 외, 두행숙 역, 걷는나무, 2012.
《아주 작은 반복의 힘(끝까지 계속하게 만드는)》, 로버트 마우어, 장원철, 스몰빅라이프, 2016.
《위대한 기업으로 가는 전략지도》, 콘스탄티노스 C. 마키데스, 송경근 역, 한언, 2004.
《이타주의자가 지배합니다(손해 보고 사는 사람들의 숨겨진 힘)》, 슈테판 클라인, 장혜경 역, 웅진지식하우스, 2011.
《제7의 감각(전략적 직관)》, 윌리엄 더건, 윤미나 역, 비즈니스맵, 2008.
《창조적인 괴짜들의 리더십》, 스티븐 샘플, 표완수 역, 김영사, 2003.

《철학의 위안》, 보에티우스, 박병덕 역, 육문사, 2011.

《철학이야기》, 윌 듀랜트, 임헌영 역, 동서문화사, 2007.

《초격차(넘볼 수 없는 차이를 만드는 격)》, 권오현, 쌤앤파커스, 2018.

《카르마 경영》, 이나모리 가즈오, 김형철 역, 서돌, 2005.

《코칭경영의 도(맥킨지 코칭 프로그램)》, 맥스 랜드버그, 김명렬 역, 푸른솔, 2003.

《프레임(나를 바꾸는 심리학의 지혜)》, 최인철, 21세기북스, 2006.

《프로페셔널의 조건》, 피터 드러커, 이재규 역, 청림출판, 2001.

《피터 드러커의 경영 블로그》, 동시야 · 정쯔, 김수연 역, 미다스북스, 2009.

《하이퍼포먼스 조직(지속적으로 성과를 내는 실행 중심의 조직 설계)》, 로버트 퀸 · 마이클 맨킨스 외 3명, 김은숙 역, 21세기북스, 2009.

《BCG 전략 인사이트》, 미타치 다카시, 보스턴컨설팅그룹 역, 영림카디널, 2005.

《THE ONE PAGE PROPOSAL》, 패트릭 G. 라일리, 안진환 역, 을유문화사, 2002.

《THE ONE THING》, 게리 켈러 · 제이 파파산, 구세희 역, 비즈니스북스, 2013.

《경영학의 진리체계》, 윤석철, 경문사, 2001.